班主任的教育艺术

主编 张运卉
副主编 杨菊九

天津出版传媒集团
天津教育出版社

图书在版编目（CIP）数据

班主任的教育艺术 / 张运卉主编. -- 天津：天津教育出版社，2019.1

（卓越教师的关键能力与素养）

ISBN 978-7-5309-8234-1

Ⅰ.①班… Ⅱ.①张… Ⅲ.①班主任工作－研究 Ⅳ.①G451.6

中国版本图书馆 CIP 数据核字（2018）第298913号

班主任的教育艺术

出版人	黄沛
主　　编	张运卉
选题策划	杨再鹏　王俊杰
责任编辑	吕燚
装帧设计	郝亚娟
出版发行	天津出版传媒集团 天津教育出版社 天津市和平区西康路35号　邮政编码：300051 http://www.tjeph.com.cn
经　　销	全国新华书店
印　　刷	嘉业印刷（天津）有限公司
版　　次	2020年1月第1版第2次印刷
规　　格	16开（710毫米×960毫米）
字　　数	200千字
印　　张	11
定　　价	42.00元

前言

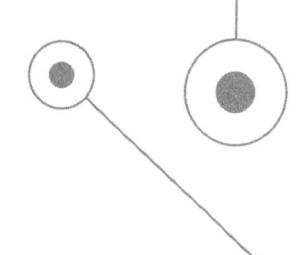

　　教育学是一门科学，而教育学的具体运用却是一门艺术；教书是一门职业，教书育人却是一项伟大的事业。从事教书育人工作的教师，就是一群伟大的人。法国作家雨果说过这样一句话："花的事业是尊贵的，果实的事业是甜美的，让我们做叶的事业吧，因为叶的事业是平凡而谦逊的。"教师从事的就是叶的事业，虽然平凡，但意义并不平凡。而在教师群体中，班主任更是一个特殊的群体，他们是学校的中坚力量，为学生的成长保驾护航。然而，越来越多发生在班主任身上的教训无不在提醒我们思考：班主任应该怎样做？

　　下班路上，某中学高三一名班主任在回家路上，遭到学生及其家长的殴打，原因就在于这位班主任因这名学生在校期间上课玩手机、迟到和影响班级其他同学，屡次教育不改后，将其手机没收。

　　这件事提醒我们，教育是一件极其严肃的事情，也是一门艺术。正所谓"善歌者使人继其声，善教者使人继其志"。为人师者，尤其是班主任，要在管理班级和教育学生时，注意一个"善"字。何为善？善即指技巧，指艺术性。教育是一门艺术，也是一种机智。如果教育方式不对路，教育内容再好，对于学生来讲也是对牛弹琴，无济于事。因此，在班级管理、教育学生的过程中，班主任要充分利用各种教育艺术，以便从容地应对不同类型的学生及各种复杂、棘手的班级情况，提高教育实效。

鉴于此，我们组织编写了《班主任的教育艺术》一书。本书以理论为主，案例辅助说明的方式，分八个章节，介绍了班主任教育中常用的教育艺术和具体的操作方法、注意事项，以期为工作在教育一线的班主任提供支持。

综论：班主任的教育艺术。这一部分集中笔墨介绍了新时期班主任工作的特点以及教育艺术在班主任工作中的重要性、教育艺术的内容、运用教育艺术的前提。

专题一：情感交流艺术。在综述的基础上，围绕班主任工作中的情感交流，介绍了对情感交流艺术的理解，在班级管理和学生教育中的意义以及情感交流的方法与技巧，并提出了这种教育艺术在运用时的注意事项。

专题二：教育说理艺术。介绍了如何正确地理解教育说理艺术，对学生进行教育说理的方法和技巧，而且提出了运用教育说理艺术时的注意事项。

专题三：工作协调艺术。班主任是学校与学生、家长之间联系的纽带和桥梁，因此班主任的工作协调艺术相当重要。本专题不但介绍了班主任工作协调艺术的重要性、班主任工作协调的内容和方法，而且强调了班主任进行工作协调时的注意事项。

专题四：激励表扬艺术。针对班主任在管理班级的过程中要用到的激励表扬艺术，本专题不但介绍了这一艺术的意义、作用原理，还指出了对学生进行激励表扬的方法和注意事项。

专题五：批评处罚艺术。批评处罚艺术是必要的手段，是学生走向成功的推进器和催化剂。在本专题中，不但介绍了这一教育艺术的价值、方法和技巧，尤其强调了运用这一艺术时的注意事项，以免将处罚变成"体罚"。

专题六：突发事件处理艺术。针对班级中突发事件的处理和应对，本专题不但介绍了班级管理中突发事件的种类、特点和危害，而且重点介绍了突发事件处理的方法和技巧以及处理突发事件时的注意事项。

专题七：非言语暗示艺术。作为班主任教育中一种具有独有的特点和非凡的效果的教育艺术，非言语暗示艺术在班级管理和学生教育中起着不可忽视的作用。本专题介绍了非言语暗示的原理和种类，运用非言语暗示艺术的方法和技巧，强调了这一教育艺术的使用原则。

教育艺术，作为一项班主任必知的内容，在实际工作中需要教师运用教育智慧和教育机智不断研究和学习。期盼本书的出版，能让一线班主任，尤其是年轻的班主任们，在管理班级和教育学生中，少些烦恼，多些捷径，多些快乐！

目 录

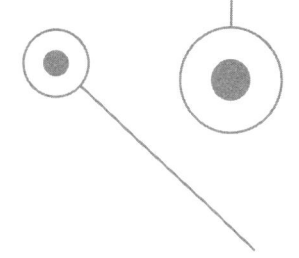

综 论 班主任的教育艺术
【教育故事】让我们共同唱起一首歌 / 3
一、班主任工作要求讲究艺术 / 4
二、教育艺术在班主任工作中的意义 / 11
三、班主任教育艺术的内容 / 13
四、班主任教育艺术发挥的前提 / 20

专题一 情感交流艺术
【教育故事】老师，我想叫你一声妈妈 / 27
一、情感交流艺术的理解 / 28
二、情感交流的方法与技巧 / 31
三、运用情感交流艺术的注意事项 / 38

专题二 教育说理艺术
【教育故事】一块没能拍出去的板砖 / 47
一、教育说理艺术的理解 / 48
二、运用教育说理艺术的方法与技巧 / 48
三、运用教育说理艺术的注意事项 / 55

专题三 工作协调艺术

【教育故事】躲出来的效果 / 65

一、工作协调艺术的理解 / 66

二、运用工作协调艺术的方法 / 73

三、运用工作协调艺术的注意事项 / 85

专题四 激励表扬艺术

【教育故事】魏书生的"找优点" / 93

一、激励表扬艺术的理解 / 94

二、运用激励表扬艺术的方法 / 96

三、运用激励表扬艺术的注意事项 / 101

专题五 批评处罚艺术

【教育故事】美丽的惩罚 / 109

一、批评处罚艺术的价值 / 110

二、运用批评处罚艺术的方法与技巧 / 111

三、运用批评处罚艺术的注意事项 / 118

专题六 突发事件处理艺术

【教育故事】64个红包 / 127

一、突发事件及其背后的问题 / 128

二、处理突发事件的方法与技巧 / 133

三、处理突发事件的原则与注意事项 / 141

专题七 非言语暗示艺术

【教育故事】带着微笑善待每一个学生 / 151

一、认识非言语暗示艺术 / 152

二、非言语暗示艺术的方法与技巧 / 157

三、运用非言语暗示艺术的原则 / 164

后　记 / 167

综　论

班主任的教育艺术

教育学是一门科学，而教育学的具体运用却是一门艺术；教书是一门职业，教书育人却是一项伟大的事业。在这项伟大的事业中，班主任作为班集体的组织者、教育者和领导者，不但是学校领导实施教育教学工作及各种教育活动的得力助手，更是学生美好心灵的塑造者和学生健康成长的引路人。而要做好这多重角色，班主任的教育艺术起着至关重要的作用。

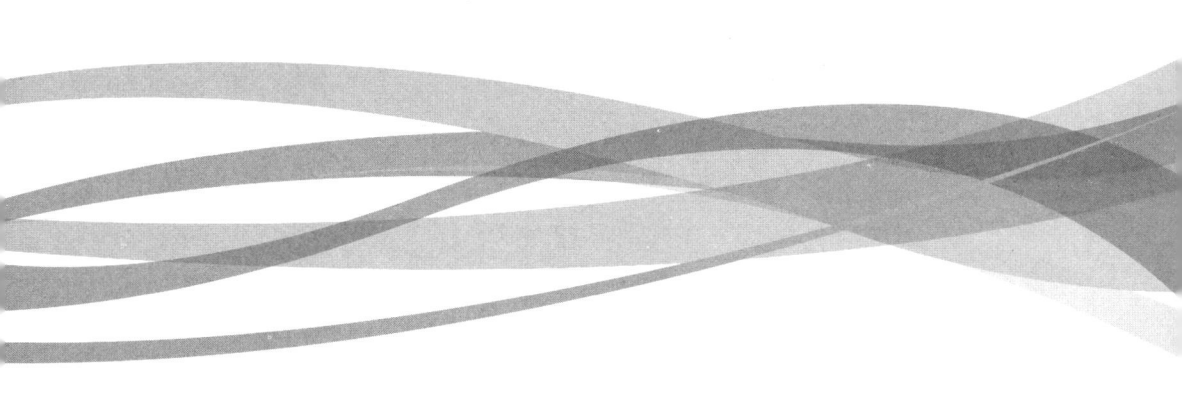

教育故事

让我们共同唱起一首歌

梅洪建，一位生于20世纪70年代的全国优秀班主任，"培育—发展"班级理念的首倡者和践行者，国内知名班主任专家，全国优秀语文教师，全国班主任尖峰论坛的创立者。

有一年，高一升高二时，梅洪建被分配担任高二（7）班的班主任。这是全年级最差的一个班，学生的分数很低，学习兴趣全无。梅洪建老师没有放弃这些所谓的差生，从心育开始，从改变学生的心态开始，用心地关照着每一个同学，为其解除心理负担，对其循循开导，借助于多种教育艺术，不断地激励学生。"每周一歌"就是其中的一种教育艺术。

所谓"每周一歌"，不是传统意义上的每周一歌，而是以每七天为一个小周期学唱新歌，每七周为一个大周期班歌会演。每天早读结束之后，师生都累了，于是大家就集体唱首歌。从表面上看，这是一种课间休息；从内在分析，这些歌曲全是学生们精心遴选的励志歌曲。比如学生们会在第四周唱杨培安的《我相信》，第五周由于月考刚刚结束，于是他们唱陈国荣的《有用的人》——

谁不希望自己是聪明的人/谁不希望什么都能得100分/谁会希望自己又呆又傻又愚蠢/谁会愿意听到"你真的好笨"

有些事情就是这样的残忍/有些道路没有直通那扇门/有些游戏结果不一定要获胜/有些收获不在终点只在过程

我们不会心灰意冷/我们会给自己掌声/我不是你想象的笨我也有我自己的门

/其实你不是不能只是你肯不肯/给自己多一个机会

因为我们都是有用的人

这样的歌词，正好和刚刚月考过的情况相吻合，自然也就能够激发学生们进一步努力的斗志。

六周过去之后，学生们恰好学会了六首歌曲，然后班级就会在第七周进行班歌会演。一个小组抽签选取一首歌曲，用自己最有创意的手段来演绎。这样每七周一个周期，在愉悦中完成灵魂种子的播种。

同时，梅老师还和学生们一起自编《班级励志教程》，每天齐读，斗志昂扬：在奥格曼狄诺《世界上最伟大的推销员》中"羊皮卷"和"成功誓言"的基础上，结合《洛克菲勒写给儿子的21封信》的形式，师生共同编成了21章《班级励志教程》。每天早晨到达教室的第一件事是同学们全体起立大声齐读之。在这样一个清爽的早晨，大声齐读《班级励志教程》的气势，足以让每个孩子一整天都斗志昂扬。

就这样，在歌曲的吟唱中，梅老师让自信渗入学生的心田，让班级洋溢着正能量，抚慰每一名学生的心灵。配合着"每周一歌"，梅老师还在班级开展"视频展播""评选感动班级人物""致敬班级人"等活动，让教育的艺术借助于多种教育手段，化为激励学生的涓涓细流，抚慰着每个学生心灵的河床，冲走滞留的泥沙。

经过梅老师的不懈努力，学生们终于调整了心态，从怨天尤人、自暴自弃的状态，变成了积极进取、充满希望的心态。学生们相互关心、相互帮助，形成了一个和睦的大家庭，每个人都在这个大家庭中找到了自己的位置。逐渐地，他们的成绩稳步提高，变成了一个优班。

可以说，梅老师的"每周一歌"的教育方式，充分体现了班主任的教育艺术，它不但让学生获得心理愉悦，而且在此过程中，让灵魂的种子播种于学生的心田，充分体现了一名优秀的班主任的教育艺术。

一、班主任工作要求讲究艺术

"如果把班级比作一艘轮船，那么班主任就是船长，引领班级不断朝着正确的方向前行；如果把学生比作是一片荒原，那么班主任就是农夫，应当用心血和汗水来浇灌这片土地。"这句话在道出班主任工作的重要性的同时，也道出了班主任工作的艺术性。那么，班主任工作是一项怎样的工作？当前班主任面对的学生教育现状是怎样的呢？

1. 新时期班主任工作的特点

新时期对班主任工作产生了重大的影响，教育改革与发展对班主任工作也提出了新要求，班主任工作面临着新的发展机遇，也迎来了新的挑战。新时期班主任工作呈现出新的特点。

（1）管理上的民主性。

传统学校教育在班级管理和学生教育上，将"听话教育"当作重要标准，要求学生按照教师的意愿生活与学习，将学生独立生活、自主选择发展的权利剥夺，将学生独立思想、独立思考问题的权利剥夺。于是班主任在教育学生时，往往更多地考虑自己的意愿，本着"我的话，学生必须听""我要学生做的事，学生必须去做"这种心理去教育学生、管理班级。究其本质，这就是一种自我为中心的师权意识，是一种专制精神而非民主精神，它是对人性的不尊重，对人的独特性、多样性的漠视，更是对独立人格的压制与打击。这种教育思想也造成了班主任的心胸狭隘、目光短浅。

但随着社会的发展，知识经济的到来和科学技术的迅猛发展，社会对人才的需求决定了人的创新品质和独立意识的重要性，于是"听话教育"这种专制教育就要退出教育舞台，取而代之的就是民主教育。因此，如今的班主任在管理班级和教育学生时，要崇尚民主。

这种民主性首先表现在教育机会均等。每个班级成员享有同等的权利，不管是学生干部还是普通学生都应该一视同仁，特别是要改变学生干部在班级中的不尊重同学、喜欢发号施令等不良作风。同时，每个班级成员应该获得同样受教育和参与活动的权利，即全纳性教育。不管学生学业成绩好坏、个性表现如何、品德表现怎样都必须同样给予关爱。

其次，班主任工作的民主性体现在师生关系上。班主任角色应该转换、拓宽，从居高临下的讲台上走下来，走到学生中间。新时代的师生关系中，教师与学生在人格上是平等的，在交互活动中是民主的，在相处氛围上是和谐的。传统教育的显著特征之一便是以教师为中心，班主任在班级管理中拥有绝对权威，学生对班主任必须绝对服从。时代呼唤一种新型的民主平等的师生关系，学生从被动接受的角色，转变为主体参与共同发展的角色，彻底打破了过去的"教师讲，学生听"这种模式。班主任要真正打开学生心灵的窗户，走进学生心灵。为此，班主任工作中要努力对各种霸权——理性霸权、知识霸权、话语霸权、行为霸权——进行消解。班主任工作不再是对学生个体经验的强迫性的压抑的力量，而成为了一种解放人的力量，以促进学生的独立性、主动性、创造性的发展。

最后，这种民主性表现在班主任的民主教育意识，给予学生更多的自由和信任，给学生以充分的民主，让学生真正拥有班干部的选举权和任免权；让学生自己制定班规，交给学生"立法权"，使它成为班级集体意志的体现，成为学生进行自我教育的依据，成为规范自己言行的准绳。亦可为每个学生提供锻炼的机会，采用"班委会定期轮换制"，体现班级成员的平等，使之成为学生张扬个性、发挥主体性的舞台；让学生拥有话语权，经常听取学生对班级工作的意见，不断交流思想，融洽相处；增进师生间相互理解信任，在各种活动中创设团结友爱，始终处于主动状态。

总之，没有民主，便没有创造；没有民主的教育，便没有民主的下一代。唯有在这样的教育理念下，教育才能实现真正意义上的民主。新时代班主任工作的首要特点就表现在民主性上，只有班主任从真正意义上掌握了民主性的教育，教育的作用才可能最大限度地发挥出来，作为教育的主体——学生的潜能才能得以激发。民主性是班主任教育管理的最高境界。

（2）教育上的人道性。

所谓人道，是指爱护人的生命、尊重人的人格和权利的道德。人道是对人性的尊重，更是对自由和民主的尊重。新时期社会的发展，人们越来越意识到自己的权利，越来越重视尊严和价值。为此，班主任要从教育理念上树立人道意识，把人道教育看作是通过文化启蒙和教化，拓展每个学生的人性精神，发挥每个人的价值与才能，培养独立自主的个性，鼓励和促进他们的创造精神和自我实现的根本方式。

首先，班主任要在教育过程中注重学生的尊严、权利、态度、情感和行为，爱护学生的生命、关怀学生的幸福、重视学生的价值、尊重学生的人格和权利以及对学生合法权益的维护性。

其次，班主任要在教育目的上树立对良好人性发展及其价值的追求，要在教育过程中重视人的价值，尊重学生的尊严、权利，对学生多加关心和爱护，维护学生的合法权益。只有如此，才能达到教育本质的内在要求，才能推动教育向着符合人性的方向发展。

再次，班主任要善于从人道的本质特点出发，观察问题、分析问题、解决问题，注重人性教育的融合。这就要求班主任要在管理上杜绝体罚，人性化对待学生，把学生作为独立的人的价值予以认可，保护其尊严，引导学生在人性之美和宽容之美中认识世界、创造世界，从而养成善于思考和行动的好习惯，走独立成长的道路。

最后，班主任还要给予学生必要的宽容，运用富于人性化的方法对待个性特异的学生和犯错误的学生，促使他们健康发展，实现全纳教育，使之性格健康发展。而这正是人性教育的起点。班主任还要尊重学生的天赋、能力、需要、兴趣和愿望，将学生看成一个独立的"人"，给予其心理平衡和关爱，适当给学生以放松和关爱，懂得学生作为"人"的人性需要，把工作对象学生作为一个独立的人尊重，在服务于学生这一"人"的主体时充满人性化的关怀。

（3）工作上的文化性和科学性。

雅斯贝尔斯说："教育是人的灵魂的教育，而非理智知识和认识的堆积。"即教育是关于人的心智教育，其重要特征就是文化性和科学性。这是因为，文化是孕育人之灵性的胞衣，而科学精神则是一种追求真理的精神，是学生的科学素养的重要组成部分。然而，传统教育往往更多的是关心学生的学业，关心他们学了多少知识，关注他们考试的成绩，却忽视了学生的生理、心理以及精神的发展及其相应的需求。这是一种沙漠教育，追求分数的同时令众多学生精神发展萎缩，精神生活荒漠化，轻者精神空虚，重者人格扭曲。在社会不断发生变化的同时，班主任的教育也要与时俱进，在工作上体现出文化性和科学性的特点。

文化性，是指班主任工作要营造适宜学生成长的文化环境，创造绿洲教育，不断丰富学生的文化素养，促进学生的文化性发展。须知，一个人的人文高度决定一个人的发展高度。绿洲教育赋予教育以生命本性，从学生的心灵出发，以丰富学生的精神生活为渠道，用文化肥沃的土壤来培养学生，使学生在未来成长为一个顶天立地的人、一个高素养的人。

总之，班主任工作的文化性，首先表现在教育方式的文化性，以高尚的人文精神为动力，以人类文化为基础，与学生进行灵魂的对话和心灵的交流，用语言激励学生，以行为引导学生，让学生体验并内化，精神自我升华，最终逐步走向成熟。其次，文化性表现在"以文教化"上，那就是班主任关注学生心灵的成长，用文化养料去滋润学生的心灵，以"润物细无声"的方式，以渊博的文化、高尚的人格影响学生。最后，文化性表现在思维上，即注重培养学生的文化性思维，摆脱物质思维、世俗思维，在学生教育上，重视事实的教育价值，从"人"的高度看待具体的事实，培养学生能透过社会的文化状况，从生活中的表象中，认识错综复杂的本质，具有丰富的社会、历史经验，从而更好地认识和服务于社会的进步。

科学性，是指遵循科学的教育规律和班主任工作的规律，遵循青少年年龄特点、身心发展的规律开展工作。这种科学性，首先表现在对学生的尊重、信任上，把握好严格要求与尊重学生的度。其次表现在具有科学精神，不武断，能透过现象看本质，重视对学生做人的道德教育。最后，科学性还表现在用科学的态度了解事件和事件背后蕴藏的教育意义，对学生的问题获得正确的答案，掌握教育理论和教育艺术以及实事求是的科学工作态度，做到科学育人，提高教育的实效，为教育奠定基础。

班主任工作的文化性和科学性的特点，要求班主任不断提高自身综合素养，提升德育能力，不断学习德育理论，从而科学正确地处理班级中发生的问题，积极开展学生的发展型教育，确立科学育人的思路。

(4) 内容和方法上的动态性。

伴随着时代的变化，班主任工作在内容和方法上也表现出动态性的特点。

这种动态性首先表现在时代的动态上。不同的时代对于教育有着不同的要求，因此班主任工作的内容和方法也要随之发生变化。尤其是我们的国家在经济、政治、社会、文化上的观念、行为均已发生了巨大的变革，因此，班主任就要以新的视角、新的思路、新的实践来开展班主任工作。当今的时代，创新成为国家民族发展前途的重要特征，创新型国家已经成为国家行动策略，于是培养创新型人才就成了教育的核心任务和教育的价值取向。班主任工作就要随之发生变化，开展以培养独立人格和个性特长发展为基础的创新教育，培养学生的创新精神和实践能力。

其次，这种动态性表现在班主任工作的动态上。随着教育的内容和方法的发展，同一教育内容在教育内容的要求上也会发生变化。这突出表现在从传统教育转向现代教育的转变上。班主任必须清醒地认识到时代的发展，要以动态的眼光看待问题，以发展的眼光看待学生存在的差异，不断研究学生，不断改变自己的教育内容和方法。

此外，班主任工作的动态性还要求班主任要关注自身的发展，认识到认知、经验是需要不断积累的，如此方能走向成熟。这就要求班主任对自己的工作要以研究性和创造性的态度来完成，研究不同的学生应该如何教育和管理，从而提升自己的教育和管理的新思维和新实践。

2. 当前学生教育的复杂性

教育是一个长期复杂而又艰巨的过程。尤其是随着社会的发展、信息技术的进步，教育尤其是中小学教育更是表现出极度的复杂性。具体来说，这种复杂性表现在以下方面。

（1）家庭结构的变化，造成学生问题突出。

家庭是社会的基本细胞，是人性、人生理想的启蒙教育场所，是未成年人生活时间最长、最重要的外部环境。随着社会环境变迁和经济急剧转变，家庭也面临着相应的压力和考验，在角色和功能方面也起了重大的变化。除了结构的转变及功能的削弱外，问题家庭也日益增加。所谓"问题家庭"，主要是指在家庭结构、家庭气氛、家长教育方式和教育态度、家长本人修养与作风等方面存在着严重缺陷的家庭。这样的家庭包括单亲家庭、离异家庭、经济困难家庭、流动人口家庭等。在这些问题家庭中，家庭结构和功能发生了很大变化，家庭教育和家庭环境的不良，造成问题学生数量增多，导致学生人格向变态的方向发展，甚至一些学生发生违法犯罪的情况。这样的问题学生，势必对班主任工作提出挑战，也增加了班主任工作的难度和复杂性。

（2）互联网的快速发展，导致学生沉迷网络。

网络是造成班主任工作的复杂性和艰巨性的又一个因素。这是因为，伴随着互联网的发展，青少年成为高度使用网络的一代。学生喜欢挑战班主任的价值观，比如说有个别男生化妆，标新立异，挑战校纪班规，挑战班主任的价值观。此时，这种教育环境的复杂性，决定了班主任面临的教育问题也层出不穷，而且复杂程度不断提高，这就决定了班级教育工作仅凭班主任的既有经验，是难以胜任学生全面健康发展的教育责任的，这就需要班主任不断提升自身的专业化水平，做自觉的学习者，不能仅停留在经验层面的管理，也不能满足于完成学校规定的各项任务。具体而言，班级管理需要班主任在寻求创造性地应对各种教育问题的同时，不断提升自身的实践智慧，进而获得专业成长。

为此，班主任倘若想做好学生的管理和教育工作，就要联合家长、社会力量，从多方面入手。而这又对班主任的各种工作技能和工作艺术提出更高的要求，比如协调能力和管理能力等。

（3）经济的发展和环境的优渥，引发学生的意志力下降。

伴随着社会的进步，社会环境的发展和家庭经济条件的变化，当今学生的生活环境也发生了巨大的变化。随着家庭经济条件的提升，人们生活水平的不断提高，学生大都从小就生活在幸福安定的环境中，是在温室、蜜罐里长大的，过着衣来伸手、饭来张口的生活，家长习惯对孩子的事务包办代替，对子女的溺爱表现出近乎"疯狂"的财力和精力投入，使现在家庭教育容易走入这样的误区：在生活上给予孩子无微不至的关心呵护，只重视学习成绩，而忽视孩子性格品性、道德情操和独立生活能力的培养和教育，导致学生的意志力薄弱。而这也给班主任工作带来了挑战，因此班主任在教育学生时，要更加讲究教育艺术，并提升自己的教育方法和技巧。

（4）家庭教育的缺失，造成学生心理问题频发，抗挫折能力差。

当前，竞争日益激烈的社会使得家长对孩子过分重视智力开发和掌握学习技能，忽视非智力因素的培养，使他们缺乏起码的生存能力和奋斗精神，缺乏独立精神。同时，学生自身存在着生理和心理两方面的原因，如心理方面的，表现为一个孩子做事缺乏毅力，遇到困难不是想办法克服，而是采用回避的态度。这些都造成学生抗挫折能力低。于是当今的相当多的学生存在着心理问题，轻者心理贫瘠化，厌烦学习，出现网瘾、早恋、厌学等行为，重则甚至出现自杀或暴力犯罪行为。这也为班主任工作增加了难度和复杂性。

二、教育艺术在班主任工作中的意义

著名教育家肖川老师说："教育就是一个不完美的人带领另一群不完美的人一起去追求完美的过程。"这句经典的教育名言提示班主任，面对层出不穷的新问题，班主任在难免困惑的同时，要意识到教师也是一群不完美的人，但势必要肩负起带领另一群不完美的人渐渐地走向完美的重任，在走向完美的过程中，师与生、生与生之间都应该多多包容彼此之间的不足，而教育艺术则可以让我们在追求完美的过程中，巧妙地引导、带领另一群不完美的人追求完美。由此可见，教育艺术在班主任工作中的重要性。

1. 提高工作效率，利于学生成长

班主任工作是面对着一群心智尚不成熟，在学习和生活中遇到众多问题的学生。这一切决定了班主任的工作量之巨大，事情之烦琐单调。而要完成这些工作任务，不但需要班主任拿出百倍的耐心，在解决问题时不急躁，将道理耐心地讲给学生，还需要我们在完成任务的时候巧用教育艺术，提升教育效果。如此一来，当我们的教育艺术发挥作用时，就可以让学生学会自我调节而不是无理取闹，学会体谅他人、团结同学而不是无视团队、任性妄为。这样一来，就可以减轻班主任的工作负担，提高工作效率。

2. 利于创建和谐的师生关系

师生关系是教育过程中教师和学生为完成共同的教育任务进行交往而产生的

关系。尊师爱生、民主平等的和谐师生关系是班主任成功管理的重要前提。这是因为和谐关系不但有利于发挥教师的主导作用，而且有利于发挥学生的主体作用。而班主任的管理艺术利于和谐师生关系的创建。

首先，班主任的管理艺术不但可以消除学生与老师之间的距离感，而且有利于班主任在班级树立威信，取得学生信任，缩小师生之间的情感距离。如此一来，班主任才能开启学生心灵的窗户，冲破他们封闭性的心理防线，深入细致地了解学生的内心世界，使班级工作在和谐的气氛中进行。

其次，班主任的管理艺术利于班主任接近学生，消除学生对老师的戒备心理，让教育效果提升，从而让班主任摸清学生脉搏，建立师生共同语言，而这是管理好班级的基础。

最后，班主任的管理艺术利于师生之间形成平等的研修学习氛围，利于师生共同研讨，解决班级问题，从而营造良好的班级氛围，对班级的建设有一定的促进作用。

3. 利于班级管理工作的顺利进行

班主任的管理艺术有利于班级的管理。不讲究艺术的班级管理不是管理，更谈不上教育，只是压制，进而产生片面甚至负面的教育效果。须知，班级需要经营，而经营则不单单是简单的管理，还要讲究管理的艺术。班主任只有在管理时将科学和艺术相结合，才能对学生多一分耐心、多一分宽容，从而避免学生产生逆反心理，收到"改变"学生的效果，班主任才能快乐面对学生，用快乐感染学生，让学生在班集体中快乐学习、快乐成长。

4. 利于提高学生心理健康，提高人才质量

由于班主任工作所涉及的方面较多，加之学生具有个体性和差异性，所以，在工作时针对不同情况，班主任应讲究管理艺术，创新管理，做到具体问题具体分析，充分考虑到学生的性格特点和行为习惯，讲究工作方法的艺术性，在组织管理班级时尽量照顾到大部分学生的感受，从而在班级中产生一种积极的氛围，利于学生形成健康和积极的心理。而心理健康是学生智力活动的基础和前提，对于培养学生的创新观念、保证人才质量起到至关重要的作用。

三、班主任教育艺术的内容

学生的成长过程是多样的,班主任在教育过程中,要对学生全身心地关爱,以珍爱学生为基点,以生为本,相信学生,尊重学生,守望学生,做学生的知心朋友和阳光使者。而要做到这些,就需要班主任在班级管理和学生教育上讲究教育艺术,因为"教育的核心就其本质而言,就在于让儿童始终体验到自己的尊严感"(苏霍姆林斯基语)。具体来说,班主任的教育艺术表现在以下方面。

1. 心理教育艺术

当今的学生,内心极其丰富和复杂,他们时而欢娱、自尊自信,时而忧郁烦恼、恐惧紧张,情感丰富,心理复杂。而人的心理具有可变性和可塑性,班主任倘若掌握了学生的心理变化,掌握心理教育的艺术,就可以采用不同的方法,从容应对学生的问题,减少盲目性和随意性,进而提升教育的实效。

何为心理教育艺术?它就是指班主任在管理学生时,能针对学生的心理状态,采用巧妙的工作方法,进而达到科学教育、人文教育的目的。兵法云:凡用兵之道,以攻心为上。作为培养祖国未来人才的学校教育,尤其是学校教育的中坚力量——班主任,倘若能做到洞悉学生的心理,就已经让教育成功了一半。具体来说,心理教育包括:

(1) 模糊处理艺术。

模糊处理,本是美术用语,在班级管理中,用以指对事情采取故意忽略的方式,即所谓的"装糊涂"的方法。中国古语云:"水至清则无鱼,人至察则无友。"班级管理亦是如此。在必要的时候,班主任在教育学生时,模糊处理一下,可以收到出乎意料的成效。

案例

一次校园植树劳动,W老师班上的三位同学待在教室里,一个声称自己肚子疼,一个说脚崴了,一个说手擦伤了。从前W老师就从班干部和其他同学的口中获知,这三个学生经常装病逃避劳动。怎么办呢?是让他们继续得逞,还是当众将他们揭穿呢?W老师几经思考,干脆"装糊涂"。她安排班长带着大家劳动，自己则到校卫生室要来药水，到班上煞有介事地为"崴脚"和"手擦伤"的两个学生上药，还要带着"肚子疼"的那个学生去医院检查。那三个学生一见W老师这阵势，表现出"受宠若惊"的样子，连连说自己的病好了，执意要参加劳动。W老师"劝"着他们，声称安排他们干点儿轻活，他们三人反而都抢着去做重活，劳动中表现最显眼。植树劳动后，W老师总结时特别"表扬"了三位同学带病坚持劳动，号召全班同学向他们学习。那三位同学的脸上都格外有光彩，以后校园劳动时再也没出现过"装病"的现象。

在具体的操作中，这种模糊处理的艺术，包括对学生分数的模糊处理，可以让教师双眼重新"调焦"，不再紧盯学生的分数、名次，进而发现学生更多的优点和长处；对学生某些错误进行模糊处理，就可以让学生在巧妙的点拨下悔悟错误；对所谓的师道尊严进行模糊处理，则可以让班主任获得学生的信任，从而培养学生的自我管理，进而达到"无为而治"的一种境界。

（2）巧妙暗示的艺术。

暗示是一种特殊的信息传递，它是用含蓄、间接的方式对人产生影响，是对学生无声的教育。心理学家研究发现，要使人们的心理活动受到影响，按照一定的方向去行动，最好尽量少使用命令的形式去提出要求。因此，巧妙暗示艺术，可以避免学生产生逆反心理，在保护学生自尊的同时，避免让学生产生他人想要干涉、控制自己的感觉，产生抵触、不愿就范的心态，进而唤起了学生的集体意识、纪律观念和自我觉醒意识，在不知不觉中，达到了班主任期望的目的。

这种教育艺术包括良好的环境暗示、鼓励的语言暗示、积极的行为暗示、健康的心理暗示、教师的人格魅力，教师要重视学生的自我教育和不同侧面的暗示教育方式，加强师生之间心灵与情感的沟通，从而达到"内化观点，外化行为"的教育目的。

案例

小康平时写作业龙飞凤舞，难以辨认。任课老师多次批评帮助也不见效。一次，课代表把他的作业张贴出去，小康十分生气，立即把作业撕了下来。课代表把情况向班主任做了汇报，班主任肯定了课代表的责任心。当班主任走进教室的时候，小康的情绪有些紧张，做好了挨批评的准备。可是，班主任却平和地说："你们知道小康为什么把自己的作业撕掉吗？他是在为自己作业写得潦草而生气（暗示他应该自责），撕下来正是为了把作业抄写工整（暗示他抄写工整）。小康的作业是能写好的（暗示他要努力写好），我们应当相信他。"只见小康惭愧地低下了头（取得了初步的暗示效应），可同学们的脸上却表现出将信将疑的样子。第二天，小康真的把一份抄得工工整整的作业重新贴在了"批评栏"内，并在作业下面写道："请看我以后的实际行动吧！"

看，暗示有多么大的"神力"。这位班主任把小康的错误行为具有的正确动机作为一种希望，提出来进行激励，并暗示他应该怎样做，保护了他的自尊心，激励他去实现老师的希望，这确实是一种令人钦佩的暗示艺术。

(3) 情绪交流的艺术。

心理学研究表明，一个人对来自外界的一切影响，都要以自身的感受状态，尤其是自己的满意或不满意、肯定或不肯定的情绪状态作为选择的第一反应。意即，情感对人的行为具有很大的驱动性，可以引发、调动人的行为。俗话说，"感人心者，莫过于情""精诚所至，金石为开"。班主任在教育学生时，讲究教育的艺术，用真诚感动学生，用真情感化学生，就可以赢得教育的主动。班主任在教育学生时，善解人意，为学生着想，对学生施爱有加，就可以唤起学生的积极情感体验，从而有效地引发和调节学生的认知行为。

案例

小A是肖老师班上颇为"另类"的学生，座位要固定在第四排，平时与人交谈总是没有好语气。碰到老师也从来不打招呼，而且总板着脸。不过他家刚好与肖老师家很近，每次碰到他，肖老师都主动与他打招呼，还故意与他拉家常，但他总是不爱搭理。一次不行，两次，三次，终于他碰到肖老师时表现出了略显友好的神情，肖老师想："这不是石头，应当会被感化的。"期末学杂费结算时，每生可退20元钱，肖老师在分钱时，按座位分配好，每5人100元，他不愿与同学交往，竟然跑来告诉肖老师他不知道向谁要，肖老师不指责他，就直接给了他20元，他似乎感动了，之后肖老师碰到他，他不好意思地第一次主动与肖老师打招呼。肖老师想这样好呀,既然主动与人打招呼了,就趁热打铁,找了他谈心几次,鼓励他应当真心团结同学,与同学融洽相处,用诚心结交朋友,用贴心安慰父母,用尊敬回报老师。几次之后,果然效果不错,现在的他不但会主动与同学交往,还积极担任班级生活委员职务,而且工作认真扎实。

在这个案例里,肖老师采用的就是情绪交流的艺术,借助于这种艺术,用爱感染学生小A,让他学会爱,学会表达对他人的爱。

(4) 激励表扬艺术。

苏霍姆林斯基说:"教育者的技巧就在于能够机智地、敏锐地看到孩子那种要求上进的心理,给予信任,加以适当的引导。"班主任在教育学生的过程中,讲究激励表扬的艺术,就可以让学生获得理解、信任和尊重,获得自我价值感,让学生"人性中最根深蒂固的本性"获得满足,从而令其信心倍增,保持愉悦心境,进而激发其旺盛学习的热情,达到蕴教育于无形之中的效果。

案例

A老师的班上一名学生在放学离开教室时,总是随手将座位旁的窗户关上并按下插销。A老师看在眼里,记在心里。一天晚上,天气突变,刮起了大风,结果当晚其他教室和A老师班有些没有关严的窗户都被吹开,玻璃被损坏了,而那名学生关上的那扇窗户却完好无损。A老师抓住这一件事,对这个同学小小的举动给予了充分的肯定,并号召同学们都要爱护公物,做生活的有心人。从此,全班同学都开始当细心人、做细小事,班上的好人好事层出不穷。

2. 细节处理艺术

一滴水能折射太阳的光辉。一个细节能决定事业的成败。班主任在面对大量琐碎的、繁杂的、细小的重复事务时,在细节处理上下工夫,注意细节处理的艺术,就可以收到事半功倍的效果。班主任的细节处理艺术,表现在:

(1) 情感表达艺术。

古人云:亲其师,信其道。班主任的工作对象是学生,与学生接触最多,情感交流也最多。倘若想在学生教育中,让学生心悦诚服地接受、执行,就要注意情感表达的艺术。所谓情感表达的艺术,就是指班主任在教育学生中,情感表达讲究言之有物，让学生从思想上产生信任，在情感上产生共鸣；善于动脑，根据学生的性格、兴趣、爱好等要素，围绕交流的主题，采用恰当的方式表达自己的情感和意图；细心观察，换位思考，就事论事，多提建议，减少说教……此外，班主任在教育学生时，要把握爱的尺度，巧妙地借助神情、动作，让无形的情感化为有形，这种情感表达的艺术，在教育学生中也会收到事半功倍的效果。

案例

小A是刚从其他班级转到申老师班的。刚开始的时候，内向、文静的她可能因为跟不上班级的教学节奏，整天愁眉苦脸的，加上她的父母均在外地工作，平时只能通过电话关心她的日常生活，一段时间下来，她越发不爱说话了，学习成绩明显下降，几次向父母哭诉压力太大，没有信心学好，也没有信心交到知心的朋友，甚至向父母提出想回到原来班级。得知此事后，申老师主动找她聊天，希望了解到她内心的需要，试图让她恢复原来的自信。"小A啊，你知道吗？老师从你还未进入我班的时候就认识你了，而且老师很欣赏你呢！"听了此话，小A的脸上写满了惊讶，申老师继续说："老师欣赏你是因为你能在父母不在身边的情况下，生活自理，更让老师尊重你的是：同学们都认为你是学习的佼佼者，大家都叫你'小超人'呢！所以，没有什么可怕的，只要你调整好自己的心态，老师相信你的学习成绩会越来越好，朋友也会越来越多的。"申老师还特别安排了一个性格开朗、活泼幽默的女生与小A同桌。一个月以后，小A不仅学习成绩有了提高，还交到很多的好朋友，竞选班委也成功了。

（2）工作协调艺术。

班级是学校教育工作的基本单位，班主任是班集体的组织者、教育者和指导者，是国家教育方针的贯彻执行者，担负着培养社会主义建设者和接班人的使命。同时，班主任负有本班各科教育工作和沟通学校、社会、家庭教育之间联系的责任，在学生全面健康的成长中起着导师的作用。班主任角色的多重性决定了其承担着包括师生之间、师师之间、生生之间、亲子之间的协调任务。在协调以上诸多关系中，班主任巧妙平衡各方面的关系，就可以为学生创造一个和谐的教育环境，利于学生的成长。

案例

学生小 W，学习成绩中下，智力较好，自尊心强，做事相对情绪化，好表现自己。但是小 W 逆反心理十分严重，自我要求不严，做事随意性大，常和父母、老师发生冲突、顶撞，而且对家长和老师有很强的抵触情绪。新上任的班主任杜老师经过了解，得知小 W 是外地借读生，母亲独自带大他。他怕别人瞧不起他，经常像刺猬一样竖起身上的刺来保护自己。他的母亲经常忙于生意，与孩子的沟通较少，遇事缺乏正确的处理方式。为此，杜老师对小 W 改变了教育方式，不直接批评他，而是注意保护他的自尊心，用以柔克刚的方式教育他。当小 W 犯错误时，杜老师采用个别交谈的方式，对他动之以情、晓之以理，耐心帮助他分清是非，让他意识到自己的错误，并愿意主动地去改正。就这样，在不断地沟通中，小 W 对老师的态度不那么抵触了，开始接受杜老师。在此期间，杜老师还与小叶的家长取得联系，将与小 W 沟通的情况及时反馈给家长，让家长为其创造良好、民主的家庭环境，和孩子交朋友，多鼓励、表扬，少批评、责骂，合理对待孩子的需求，不挫伤他的自尊心，尊重他，信任他，经常鼓励他为自己的目标而努力，使他在学习上有明确的目标，让他感受到亲人的关心，慢慢地消除对立情绪。

最终，在家长和老师的共同努力下，小 W 发生了明显的变化，他遇事不再盲目地顶撞，没有和同学再动过手，也很少有过激的言语，学习比以往更认真，上课也能主动举手回答问题了。

在这个案例中，小 W 的变化正是通过班主任与其家长、学校建立起的桥梁完成的。而这座桥梁的搭建，班主任的沟通协调工作起到了极大的作用。

(3) 批评处罚艺术。

"人非圣贤，孰能无过？"每个人都有可能犯错误，正处于成长中的学生更是不可避免地要犯错误。面对学生的错误，如果教师批评处罚的方式得当，不但会使问题迎刃而解，而且可以使之成为师生之间关系的柔顺剂、同学之间关系的调解剂，更会成为学生成长的营养剂。而这其中，班主任的批评处罚艺术就相当重要了。

案例

惩戒通知单

××同学：

今晚自习上课时，你和××大声吵闹，不仅耽误了自己学习，而且严重影响了课堂秩序。你的行为已经违反了我们的班规第20条，为使你进一步认识自己的错误，养成良好的学习习惯，请从以下几条惩戒方式中选择一条，并在班级纪律检查委员会的监督下认真接受惩戒。

（1）说明情况，向大家公开道歉，争取同学们原谅。

（2）写一份呼吁同学们认真读书学习的倡议书，张贴宣传。

（3）完成一份违纪心理剖析，并在班级中宣读。

（4）为同学们唱首歌，活跃一下班级气氛。

（5）到操场锻炼，跑步5圈，强化认识。

（6）自我申请其他惩戒方式：

惩戒执行情况：＿＿＿＿＿＿

监督人：＿＿＿＿＿＿

这是某位班主任针对学生的错误采取的批评方式。这一教育方式是他在开学初和学生们共同制定的班级管理细则里的批评处罚方式。我们可以看到，这位班主任在执行班规的过程中真正体现出了以人为本的管理理念。

由此可见，班主任要掌握批评处罚的艺术，不断提升自己的教育水平和批评处罚技巧，可以有效地发挥批评的积极处罚效应。

（4）突发事件处理艺术。

在班级日常的管理和教育工作中，班主任经常碰到一些棘手的突发事件。对这些突发事件的处理艺术，也可以表现出一个班主任的教育艺术。

案例

李老师正在办公室喝水，有学生就气喘吁吁地跑来报告：平时温文尔雅的男生小宇和班里的"小刺儿头"阿肃打起来了。李老师赶到现场，问了半天才知道，午休时小宇在看《读者》中的"名画欣赏"，正好被阿肃看到了，他便大叫

"小宇在看裸女画"。小宇刚辩了一句"你懂不懂艺术",阿肃就抢过杂志向其他同学展示起来,很多学生跟着起哄。为了捍卫自尊,小宇拔出了拳头。

这真让李老师哭笑不得。怎么办呢?李老师让同学们坐到自己的位置上,也让两个当事人分别回到自己的座位,不提这件事,却给同学们讲起了故事,同学们一头雾水,尤其是小宇和阿肃更是不服气,但好在他们尊重老师,还是耐着性子听李老师讲故事:"那天听说有一场画展,于是我就带着女儿和外甥去观看。进入展会,小外甥在一幅人体写生图前停住了,一边看着,一边说:'女人赤裸太恶心了!'而学过画的女儿则反驳说:'这是艺术'。"讲到这里,李老师看着同学们:"你们怎么看?"同学们先是沉默了一会儿,接着,有些同学就建议阿肃多读读艺术欣赏类的书籍,阿肃脸红了。而一旁的小宇没用大家说,就意识到用打架解决冲突是不够理智的,于是马上向阿肃和全班同学道了歉。就这样,一件班里的突发事件解决了。

可以说,班主任艺术地处理班级内的突发事件,关系到一个班级的稳定发展,也反映出作为班主任的管理能力。同时,对于班主任而言,班级内的突发事件往往是实施教育的契机,而处理时表现出来的教育艺术则是班主任的一项修为。

四、班主任教育艺术发挥的前提

没有班主任的卓越工作,就没有 21 世纪的教育。一个好班主任就是一个好班级,班主任工作是学校工作中最为关键的一环。班主任对学生的身心成长有着潜移默化且举足轻重的影响。那么,在学生教育过程中,班主任的教育艺术起着至关重要的作用。任何艺术的发挥并非空中楼阁,是需要建立在一定的工作基础上的。作为一名班主任,倘若想让自己的教育艺术得以发挥,就要注意以下前提。

1. 全面了解学生

全面了解学生是班主任教育成功的基础。这是因为无论什么样的教育艺术,倘若不建立在对学生的了解上,那只能是纸上谈兵,起不到作用。因此,班主任的教育艺术要发挥作用，关键在于了解学生。而要做到了解学生，班主任就要做到一个"勤"字，正所谓勤能补拙。

为此，班主任要勤到学生中去了解，勤与学生谈心，勤与科任教师交流，勤督促，勤检查，勤记录。班主任要经常到班里走走，或许于这么不经意地走、看、问中就会发现一些不和谐的事情，就会了解学生的一些秘密，真正了解班级的基本情况，及时掌握学生思想动态，及早发现学生存在的问题，进而在教育学生时，对症下药，采用合理的方法与技巧，避免不和谐的"音符"在班级或学生心中随意跳动。如此一来，班主任才能洞察学生的心灵，摸清学生的心理特点，体会他们的内心要求。

案例

W老师刚接手一个新班时，在很短的时间内就将学生的名字记住了。结果开学还不到一个星期，课间W老师刚走到教室门口，就看见两个学生在打闹，于是她随口就喊出了那两位学生的名字，两个学生感觉很诧异。没想到W老师这么快就记住了他们的名字，这也使学生对W老师产生好感，接下来W老师的教育工作非常顺利。

班主任做到一个"勤"字，可以了解班风、学风，了解班级整体的优缺点并分析其原因所在，了解家长普遍的文化层次，找到亟待纠正的弱点，有利于研究学生的个性特征（包括能力、气质、性格、爱好等）和生活环境，掌握哪些学生是积极分子，哪些学生需要特别关注等，进而让教育艺术更好地发挥作用。

2. 良好的师德，无私的师爱

"其身正，不令而行；其身不正，虽令不从。"作为一名班主任，要发挥教育艺术，还要具备良好的师德、无私的师爱。须知，班主任平日的言行举止会对学生产生很大的影响，班主任倘若能不断注重自身的职业素质、品德修养的提高，做到德才兼备，就能赢得学生的信赖和爱戴，就可以在面对学生教育时，娴熟地发挥教育智慧，运用教育艺术。

案例

王老师接到学校的任命后，了解一下自己要带的这个班，得知这个班是全校最为落后的班时，他没有嫌弃，而是在担任班主任的第一天就对学生们说："谁说我们班落后？这只是暂时的。我知道，大家都不愿落后，你们只是不知道该怎么做罢了。从现在起，我先做表率，你们看我怎么做，你们就怎么做。不到一学期，我相信，我们班一定会成为先进班级的。"从此之后，王老师以自己的言行影响着学生。无论是板书还是批改作业，王老师写的字都是工整规范；无论哪一天，王老师都从没有迟到早退过；无论对哪一名学生，王老师都是热爱关心；无论什么活动，王老师都带头参加……平时，王老师哪怕发现地面上有一个瓜子壳一片纸屑，都要弯腰拾起放入垃圾桶，发现墙壁上有一点污渍，都会把它擦掉。就这样，王老师无处不为学生做出榜样。学生们看见了，都为之而感动。慢慢地，大家也都学着王老师：作业认真，学习刻苦，任务积极完成；相互间友爱团结，自觉守纪，讲究卫生，争做好事。有谁要是做得不好了，其他学生都要说："你看王老师怎么做的，要好好学。"学生们就这样以王老师为榜样，一学期下来，这个班还真的成了全校认可的先进班。

同时，师爱也是教育艺术成功运用的前提。班主任只有真正关怀、爱护、尊重、信任学生，方能在师生之间建立起良好的师生关系，方能促使学生向好的方向转变。为此，班主任在生活上给予学生细心的关怀，在学习上给予学生热心的指导、帮助，让学生在接受关怀的同时也加强师生感情的交流，这是让教育艺术得以发挥的基础。

3. 不断提升的自我责任意识

班主任要想在班级管理和学生教育上科学运用教育艺术，还需要不断加强在工作上的自我责任意识。这里的自我责任意识，表现在对待工作时，能保持"三心"，即上进心、责任心、奉献心。作为一名班主任可以通过不断的学习来充实自己，时刻要求进步，这样在开展班级工作的时候，方能如鱼得水，游刃有余。此外，班主任对待学生要有责任心，爱护、尊重和信赖学生。同时，班主任在班级管理和学生教育时，应不计较个人得失，将学生的利益看成是最高利益。

案例

初三下学期，因为临近毕业，学生内心极易躁动，因为一点小事就会发生冲突。这天晚餐时，学生小A吃了韭菜。晚自习时，后排的B同学说小A有口气，小A恼羞成怒，两人吵了几句，互不相让就动了拳脚，最后被同学拉开。苗老师知道这件事后，担心事后存在隐患，于是一直关注着这两个学生，结果发现，这两个学生因为互不服气，赌气相约聚众一见高低。发现问题后，苗老师果断采取了相应措施：一是找A、B两位学生谈话，批评教育，警示他们不得聚众闹事，毕业在即，不要因一时冲动而影响自己的前程。二是安排寝室长、班干部做好安抚工作，注意事情发展方向，有问题及时和班主任联系。三是与家长电话联系，同时做好学生的思想工作，防止事态扩大。最后，经过与家长联手做工作，A同学的家长表示孩子已打消报复念头，让老师放心。而B同学主动找老师明确态度：进入毕业前考试阶段，即将离校，不想惹事。事情到此，表面趋于平静。考试那两天平安无事，最后一场考试顺利结束，学生开始离校，苗老师也长出一口气。中午12点左右，苗老师准备回家，在校门口刚好碰到与学生A同寝室的两三个学生，苗老师停下车和他们随便说了几句话，本准备继续上路回家，不经意间，心里有种怪怪的感觉，似乎气氛有点凝重（学生脸紧绷着，表情很不自然）。看看周围，感觉聚集了不少学生，再一回头，看见学生B和好友出了校门往西走去，西边也聚集了不少学生，苗老师心里咯噔一下，该不会是……他立刻问道："A同学在哪儿?"有学生说他提前交卷离开，现在电话联系不上。"那你们在这干什么?"学生淡淡地说没事，却没有离开的意思。看着他们僵硬的面部表情，再看看西边那些在向这边张望的人群，苗老师确信，事情没那么简单。他不敢离开现场，立刻折回头，刚好学生处处长来到校门口，苗老师把疑虑向学生处处长谈了。学生处处长立刻和保卫处老师找来学生B进行了沟通，告诫学生不要滋事，马上散去。就这样，一股涌动的暗流被平息了。半年后，学生返校领取毕业证时，一名学生说："老师，要不是您发现了当时的状况，要不是校保卫处处理及时，那天，我们都要挨打了。"

在这个案例中，倘若苗老师不具备高度的责任意识，那么学生就会在冲动之下，做出令人痛心的错事。这正可以看出班主任责任意识的重要意义。倘若不具备责任意识，那么教育艺术的发挥就失去了基石。

4. 练就"四心"

所谓"四心"是指细心、耐心、诚心和爱心。一个具备"四心"的班主任才能在平时的工作中对学生细心观察，及时发现学生的错误，坦诚地和学生交流，针对学生的特点，科学地运用教育艺术，设身处地地以学生可以接受的方式进行启发引导，合理地运用批评和表扬艺术，让学生感受到成功，感受到学习的乐趣，形成良性循环。

案例

一天，W老师发现学生小红上课低着头，精神状态不佳，老发呆。下课后，W老师把小红叫到跟前悄悄问她："你怎么啦？"她说："没什么。"W老师说："你是不是和谁生气了，不会又和妈妈生气了吧！"小红哭了起来，她说："我妈妈骂我，她当着我奶奶的面骂我！"

W老师说："为什么呢？"她答："因为我不吃奶奶做的饭。"听完她的话，W老师说："你先想一想，课间咱俩再谈好吗？"于是W老师让学生先去上课，然后给家长打电话，询问是否确有此事，原因是什么。当小红的妈妈告诉W老师是因为她嫌奶奶做的饭放葱了她不吃，而且把饭摔在桌子上了，所以挨了批评。W老师了解事情的原委后，课间再次找小红谈话，再次询问原因，她说的与她母亲描述的基本一致。W老师向小红分析了妈妈责备她的原因，并且告诉她，如果不管就意味着妈妈支持她的行为，奶奶会伤心。然后W老师又给小红讲了应该怎样尊敬老人，若遇到类似的事情时，应该怎样处理，不能靠摔东西解决。通过交谈，孩子意识到自己错了，解开了心结，最后W老师要求小红放学回家后必须向奶奶和妈妈认错道歉。晚上，小红的妈妈偷偷打电话告诉W老师，她回家认错了，并向W老师表示感谢。

班主任是世界上权力最小的主任，可是这最小的主任管的事却特别多、特别细。班主任只有具备了"四心"才能对学生各方面情况了然于心，才能因材施教，才能发挥出教育艺术。

专题一

情感交流艺术

苏联教育家苏霍姆林斯基说:"教育者最可贵的品质之一就是人性,对孩子深沉的爱,兼有父母亲昵的温存和睿智的严厉与严格要求相结合的那种爱。"这句话不但道出了班主任对待学生要具有如同父母一般的爱,也必须在教育学生的时候,讲究情感交流的艺术,即"睿智的严厉"。须知,只有以爱为前提,同时讲究情感交流艺术,方能称其为真正的爱。

教育故事

老师，我想叫你一声妈妈

"老师，我想叫你一声妈妈！"每当沉思入夜，这个声音便时常在肖老师的耳畔响起。心怡说这句话的时候，她忽闪的大眼睛里满满的都是坚定和信任，这是一个聪明、机灵的女孩子，身上有种不张扬的美丽，成绩优秀却有点顽皮。然而，不熟悉的人不会清楚几年间这个女孩发生的变化。

肖老师清晰地记得，接手心怡所在班级的班主任工作后，差不多每天早读课，她都是迟到者。最初，肖老师怕影响到其他早读同学，让心怡去教室外站一会儿，下课时再回座位，然而她只是略停一下，接着就好像没听见老师的话似的，径直往座位上走去。肖老师甚至为此火冒三丈，厉声呵斥她，但结果只是木然转身。而肖老师本人则后悔于惊吓到这个孩子，于是在又一次心怡迟到时，肖老师不再细问迟到的缘由，只是温柔地看着她，直到她垂下头。

这天，心怡又迟到了。她背着个大书包，满身尘土地闯进教室，无视老师询问的眼神，无视同学的或鄙视或同情的眼神，径直走到自己的座位。肖老师将同学们的注意力拉回书本上，下课后把心怡带到自己的寝室，打了温水为其清洗小脸、小手，帮她擦掉身上的泥渍。

清洗完毕后，肖老师把她拉到床前，温和地问她："心怡，为什么这次又迟到了？"

心怡哇地一声哭了出来："老师，老师，我不是故意的，我真的不是故意的……"话没讲完，早已泣不成声了。"老师，我妈妈说带小孩好烦的。她不喜欢我，什么都不管我……"

肖老师的心猛地一沉，怎么会呢？天底下哪有父母不疼爱子女呢？

"今天早上妈妈很早就催我起床了，可我一直赖在床上不肯起来，妈妈扔下话说，再不起来就不理我了，还说带一个小孩好烦，买早饭的钱在桌上……说完，就走了……"

"心怡，你就不能替你妈妈想一想吗？也许她上班要迟到了呢？也许还有别的什么原因呢？"肖老师轻轻地安慰她。

"老师，在快到学校的路上，我碰到了一条黑狗。它一直朝我叫个不停，我很怕，就赶紧往学校跑，路上还摔了一跤，所以弄成现在这副样子……"

"孩子，不要说了，老师知道了，老师错怪你了，你是一个好孩子……"

"老师，你有宝宝吗？"

肖老师一愣，"老师没有，怎么了？"

"老师，我想叫你一声妈妈，可以吗？"这孩子，眨着泪水未干的大眼睛，忽然冒出这么句话。

"老师本来就跟你的妈妈一样的，都是疼你爱你的，傻丫头。但是，你也要答应老师，一定要好好学习，争取期末考出好成绩，行吗？"

"嗯。"她用力地点了点头……

从此之后，肖老师多了一个女儿，每天放学时都叮嘱心怡回家就写作业，早睡早起，转天别迟到。肖老师还习惯于每天早晨在办公室准备好一杯热豆浆、一包点心。就这样，日子缓缓前行，心怡不再迟到，学习也越来越好。

一、情感交流艺术的理解

《老师，我想叫你一声妈妈》，读了这篇文章，我们不能不为孩子的真情而感动，为故事中肖老师的情感交流艺术折服。于学生而言，老师一句不经意的话语、一个轻微的动作，甚至一个异样的眼神都可能在其心灵上留下永不磨灭的烙印，进而影响其一生。而这种看似随意的情感交流，就是班主任教育艺术的一个重要的组成部分——情感表达艺术。

1. 认识情感交流艺术

所谓情感交流，是指人与人或人与物之间的情感沟通、情绪表达。在班级管理和学生教育中，师生之间的情感互动是经常发生的。班主任对学生进行教育，对班级进行管理，离不开情感交流。可以说，学生教育和班级管理的任何活动，均是在特定的师生关系中发生的，师生关系的融洽与否，直接关系着教育的成效。因此，于班主任而言，与学生建立良好的人际关系，在日常的情感交流中，让学生情绪上受到感染，精神上得到鼓励，思想上受到震撼，就可以收到良好的教育效果。这就是情感交流的艺术。

2. 情感交流在班主任工作中的重要意义

案例

刘老师班上的学生小强是一个性格较为内向的孩子，父母离异后均弃他而去，只有爷爷、奶奶和他一起生活，所有的生活都由爷爷、奶奶负担。可以说，这是一个严重缺乏父母关爱的孩子，同时由于他在家是独生子，爷爷、奶奶对他都很溺爱，基本上是要什么给什么，这就使他养成了一些"唯我独尊"的坏习惯。来到学校后，他的这些坏习惯就在学习和生活中慢慢暴露出来了。比如小强为人比较孤僻，不愿意与同学来往，虽然头脑很灵活，在学习上也很好强，理科成绩很突出，但文科，尤其是英语很差，因此对英语的学习态度很不端正。于是，刘老师就找他谈心，帮助他分析了英语的重要性同时也鼓励了他，不要怕困难，要坚强地面对，千万不要选择逃避，不要为失败找理由，要为成功找方法。经过这次谈心后，小强对英语有了新的认识，态度也改变了很多，开始认真地学习英语。一个多月后，刘老师发现小强对自己又开始放松了，好像又回到了以前的情况。于是在一天的晨会上，刘老师借讲一些关于行为规范方面的事时提醒他。就在全班同学都很安静地倾听时，小强很生气地把书狠狠地摔在地上，然后说："我又不会犯这样的错误。"当刘老师听到他的话时，心里很难受，很想当着全班同学的面重重地批评他一顿，但时想到如果自己那样做，一定会让他更急，从而产生很不良的后果，所以刘老师当时就没有发脾气，仍然把事情讲完。事后，刘老师从小强的室友和同学之间了解到，小强最近一直都闷闷不乐的，好像心事重重的，而且更孤僻。于是刘老师主动给小强的爷爷打了个电话，了解到他是因为家里父母的原因心情不好。小强压力很大却又不知道该怎么放松，于是当老师一而再再而三地讲行为规范时，他才觉得很反感，因此表现出那样的行为。刘老师理解小强，清楚他不愿意谈他的家庭，所以没有和他当面谈，而是给他写了一封信，表示对他那天行为的理解，同时希望他能够振作起来。几天后，刘老师收到了小强的回信。在他的信中，刘老师看到了他对自己行为的认识。后来，刘老师经常利用晚自习后的时间，和小强到操场散步，就他的一些问题交流讨论，小强和刘老师的感情越来越深，也越来越主动地向刘老师敞开心扉，师生之间的关系越来越好。

从心理学的角度来说，明白一个人的感受要比明白真相更重要。班主任是班集体的组织者、管理者，是培养学生良好思想品德和指导学生健康成长的导师。在与学生的沟通中班主任要注意情感交流的艺术，清楚有时一个动作、一个眼神都能进行交流，而最重要的一点是使对方感受到被关爱。让我们学会尊重和理解孩子们的那份纯真的情感。因此，在班级管理中，班主任要注重与学生的情感交流，加强心灵沟通，讲究工作的艺术性，才有利于学生进行思想品德教育和良好行为习惯的培养。具体来说，情感交流的意义表现在：

（1）情感交流可以促进师生之间的合作。

合作要求教师不以教育者自居，不以强制的手段——训斥、羞辱、向家长告状等来强迫学生服从教师的意志。事实证明，强制性的教育，极易伤害学生的自信心、自尊心，引起学生对教师的反感甚至恐惧，也容易扼杀学生学习的兴趣。而合作就代表着师生之间在人格上是完全平等的，从而使传统的"让你学"转变为"你愿学"这种状态。在此过程中，教师的情感交流艺术，就发挥着积极的作用。

（2）情感交流可以形成和谐的师生关系。

和谐是指师生之间的情感联系，爱是其中的核心要素。爱需要教师对学生倾注相当多的热情，对其各方面给予关注。爱是将教育与教学中存在的师生的"我"与"你"的关系，变成了"我们"的关系，使师生之间在相互依存中取得心灵的沟通，共同分享成功的欢乐，分担挫折的烦恼。借助于情感交流形成的和谐的师生关系，是促进学生学习的强劲动力。

（3）情感交流可以令师生之间形成互动。

从社会学的观点来看，教育过程是一种师生交互作用的历程，师生互动的性质和质量，在一定程度上对教育活动的效果起着决定性的作用，因为在班级管理中，教师总是由一定的观念（诸如教育观、学生观、质量观等）支配其教育行为，对学生施加影响。而学生也会根据自己的价值取向和需要，理解、接受教师的影响，并在行动上做出反应。学生的反应又进一步强化或者修正教师原有的教育观念与行为。所以，师生互动构成了教育活动中的正反馈机制。通过反馈可以加强正效应，也可以加剧负效应。例如："班主任对班级管理有热情、有方法→学生学习主动、学习成绩提高→班主任更受鼓舞与鞭策、班级管理上更加精益求精。"这就是师生互动的正效应。而这种良好的互动效应也是在师生双方情感交流的基础上形成的。

（4）融洽的师生关系。

朱小蔓曾说："离开感情层面，不能铸造人的精神世界。"教育是充满情感和爱的事业，教师多与学生进行情感方面的交流，做学生的知心朋友，甚至与学生建立起母女般、父子般或姐妹兄弟般的融洽的师生关系，就可以让学生觉得老师是最值得信任的人，跟老师无话不说、无事不谈，达到师生关系的最佳状态。可以说，这种融洽的师生关系也是在情感交流的基础上形成的。

二、情感交流的方法与技巧

古人所说"亲其师，才能信其道"的师生关系都是以基本的人性观为前提的。现代教育观认为人的本性是积极的、向上的，具有生长与进取的潜力，教育的目的是开发人的潜能、促进人的健全发展。因此，运用情感交流的艺术，让师生情感得以交流，建立新型的师生关系，不但利于培养学生的学习兴趣，而且利于学生教育的顺利进行。下面，我们来看一看班主任工作中的情感交流的方法与技巧。

1. 以诚相待，以诚感人

案例

W老师所教的一年级（1）班新转来一个女生，这孩子眉清目秀，表演能力比较强，是个相当惹人喜爱的孩子。因为她皱眉头的样子和《红楼梦》里那令人怜惜的林黛玉有几分相似之处，因此自从她来到W老师的班级，几乎每天都有人缠着班主任，希望让她表演一下。可是每次来到办公室里，这个学生都不作声，低下头，抿着嘴，像一只受到惊吓的小鹿似的，样子相当无助。有几次，W老师无意中找她帮自己到办公室去拿东西，她一动不动地坐在座位上，只是看着W老师，W老师在叫了她几次后失去了耐心，对她批评了几句，看到她眼里滴溜溜转的眼泪，W老师才发现自己失态了。课后W老师把她叫去办公室想了解原因，可是她不愿意进办公室，于是W老师硬把她拖了进去。来到办公室后，W老师发现她的眼睛在到处瞟，知道没老师在意她，才舒了一口气。W老师问她："今天老师态度很凶，对不起。刚才你怎么不愿意帮老师的忙呢？"她没说话，紧紧咬着下唇，W老师知道，无论自己怎么说她今天肯定不会给自己一个满意的答复。于是W老师转移话题，说："瞧瞧，我们的一年级小学生头发长长的但是又没扎好辫子，全乱作一团了。今天我教你扎辫子，明天开始我可要检查你扎的辫子呢。"W老师还逗她："要是学不会扎辫子，我可要你妈妈把你的头发剪短了。"她笑了，但又摇了摇头。第二天，W老师看到她扎着两条小辫子来学校了，并及时地表扬了她。接着连续几天她都整整齐齐地来上学，不再头发乱糟糟的。有时午睡后W老师还会帮她扎好。

一次，W老师问她："老师缺少一个数学科代表，你能帮我把作业拿到办公室来吗？"她摇了摇头，W老师回想起她每次进办公室的情景就知道是什么原因了。W老师问她："你很怕进办公室吗？"她点了点头，眼睛又向其他老师扫视了一下，发现没人看着她，又说了一句："我不会收作业。"W老师没再勉强她。在以后的课堂教学中，W老师经常找机会表扬她，坐得端正表扬一下，回答问题了又表扬一下，需要临时拿点什么东西就找其他同学跟她一起去拿。

一段时间过去了，这天W老师正好上统计知识，为了让学生体验生活中的数学，W老师给他们举了一个例子，例如选班长，最好是用民主选举然后统计结果的方法。在候选名单中W老师特意写上她的名字，随着她的名字下的人数的增多，她的眼睛越来越亮。虽然最后的结果不是最多票数，但她仍然很高兴。很容易理解，最重要的不是结果，而是别人的认同。下课后，W老师笑她："很多同学都想你来当班长呀，下一学期你还愿意当数学科代表吗？""好呀！"想不到她那么爽快地答应了。

在上面的案例中，W老师意识到，要让学生解开心锁，真正敞开心扉，就要从关心学生入手，向学生展示自己的真情，用真情和爱打动学生。为此，W老师采取了一系列的举动，如扎小辫、课上"选举"等，让学生感受到自己的真情，进而敞开心扉，与老师真正沟通。

由此可知，倘若学生对教师充满戒备之心，那么教师就很难取得学生对自己的信任和尊重，因此，教师要与学生达到互相信任，就要运用情感交流的艺术，而这一艺术的首要方法就是以诚相待、以诚感人。如何做到真诚呢？李镇西的话给了我们答案："所谓'真诚'主要含义有二：一是教育者必须是一个诚实的人；二是德育必须尽可能尊重人的心灵。"

陶行知说："真诚的教育是真教育，而真教育是心心相印的活动。唯独从心里发出来的，才能达到内心的深处。"可以说，真诚是优秀班主任工作的根本，是班主任获得学生信任的前提。班主任对学生的教育，应该从真诚开始。

为此，班主任要摆正自己与学生的位置，认识到教师是"传道授业解惑者"，同时又是以学生为服务对象的，即教师是为学生服务的。教师的任务不仅是教知识、讲道理，更是为促使学生成才、成人而创造条件。班主任要让学生相信自己，愿意老师为他们服务，就一定要坚持一个"信"字，以诚待人，以诚取信；鼓励学生，以一颗真诚的心对待学生。

教师在讲台上对学生进行教育时，要诚实以待，以保证面对学生讲的话均是出于真诚，给学生讲那些"大道理"时均是自己心底真诚接受的，在自己的生活、工作、娱乐中，均是按照讲给学生听的道理去说、去做的。如此一来，我们的真诚就达到了言行一致，就可以造就学生的真诚。他们就会真诚地生活，真诚地学生，真诚地说每一句话，真诚地做每一件事。

师生的相互信任是班主任教育工作能顺利开展的保证。班主任运用情感交流的技巧，还要注意尽可能尊重人的心灵。正所谓"上善若水，厚德载物"，作为班主任，要做一个坦诚的人，要尊重他人的心灵，正确地看待自己的不足与失误，并努力学习加以改进。我们要卸掉为人师者的权威，放下架子，与学生进行真诚平等的对话。

总之，作为人类灵魂的工程师，教师优良的思想、道德素养是其灵魂。为此，教师对学生以诚相待、以诚感人，就是情感交流的方法与技巧的核心。

2. "目中有人"和"心中有人"

教师要发挥情感交流艺术，"目中有人""心中有人"是第一个方法与技巧。这句话实际上道出了教师除了用真情对待学生，以理服人，还要充分尊重学生的人格，充分尊重学生作为一个大写的人的权利、尊严。这样一来，师生之间才能做到真正的相互沟通理解，从而达到彼此尊重、信任。

案例

初三上学期，为了提高优秀生的成绩，注入竞争意识，我做了一个决定，就是按成绩排座位，把学习较差的学生放在后两排。我宣布按成绩排座位时，开始就有两个成绩差的学生提出了反对，但我坚持了我的观点，要求大家执行。结果一个月下来，月考成绩一下由原来的年级第一降到了年级四名。这一下给我敲响了警钟，为什么我班会下降得如此快呢？

我鼓起勇气决定改变以前的做法。我开了一个班会，主题定为："审视自我，尊重信任，再创辉煌"。当我诚恳地道歉时，当我把对同学的期待与爱倾吐出来时，大家都流下了泪水。我知道，师生的心又一次贴得更近了。正在要换回原座位时，曾经反对过我的学生倏地站起来，激动地说："等等！大家想一想，你们换回去后，是否也想过改变自己呢？张老师敢于否定自己，难道我们自己就没有错吗？"他接着说了自己换完座位后自暴自弃的想法，检讨了自己，还表示了决心。他的话又一次触动了同学们的心，这也正是我解剖自己而要达到的目的，我在心里默默地感谢他。于是，同学们坦诚地说出了自己的想法。班长小A适时地走到前面，带着大家喊出了"同舟共济，再创辉煌"的口号，这口号不是空洞的，是发自肺腑的喊声，在他们的喊声中，我觉得自己的人格也得到了提升，让我感到了学生的赤诚，更让我真正地认识到，只有对学生有了尊重，学生才能健康、茁壮地成长！

这个案例说明了尊重之于师生情感交流的重要性，也说明了教师的情感交流艺术的方法——尊重的重要性。须知，而要做到这一点，教师就要发自内心去爱护和尊重学生的人格、个性和自尊心，设身处地地考虑学生的年龄，体谅学生的言行，放低身段理解学生的心理，赏识他们，激励他们，尊重他们，关爱他们的成长轨迹中每个细节，才能让学生拥有自信，走向成功。

3. 让微笑成为情感表达的助手

案例

我们班有一位"微笑"老师。她用微笑鼓励我们大胆发言；她用微笑带领我们走向成功的彼岸；她用微笑领着我们走向通往知识的王国……

记得刚迈进一年级的教室时，我怕极了。狭窄的天空，孤独的飘云，使我越发胆小。余光中，碰上了老师正微笑向我点点头时，心中那块悬起的石头终于落地。不过由于内向，胆怯像密密麻麻的蜘蛛网似的，织上了我的心头。上课了，老师大方地做了自我介绍："我姓黄，大家叫我黄老师。现在大家自我介绍吧！谁先上台呢？"黄老师甜美地微笑着，像吃了一碗蜜似的。我是多么想上台啊，但心中的胆怯又在作祟：我会说不好的，我说错了大家会不会笑我？凌乱的思绪一下子便埋没了我想上台自我介绍的念头。此时，我是多么想有人给予我足够的上台的勇气！我细想了一番，如果我能第一个得到老师的信任与那甜甜的微笑，第一个赢得同学们热烈的掌声，那该有多好啊！"来，你来说。"只听老师微笑着对某个同学说。那位女同学显得一点儿也不害怕，用洪亮的声音说："同学们好，我叫×××，今年×岁……"说完后，教室里响起一阵又一阵响亮的掌声。掌声中，我看见了黄老师在美美地微笑着。我鼓起勇气，抹去心中挣扎不安的恐惧，举起金子般重的右手。"来，请你来说。"我望着老师期盼的目光和鼓励的微笑，我昂首挺胸地走上台，用同样洪亮的声音充满激情地说："大家好，我叫陈晓璐，今年六岁，很高兴与大家一起读书！"说完，我害羞地转过头，不禁冲着老师微笑，老师见我，笑得更甜了，掌声更热烈了。而我，在老师的微笑中，终于学会举手，终于克服了胆怯！

　　以上是选自一篇学生的习作。由这篇习作可以看到，因为老师的微笑，学生获得了动力，克服了自己的自卑和羞怯心理，产生了表现自己的欲望，产生了与老师沟通的欲望。这正是教师的微笑在情感交流艺术中的表现。英国诗人雪莱的一句话可以加以概括："微笑，实在是仁爱的象征，快乐的源泉，亲近别人的媒介。有了笑，人类的感情就沟通了。"这句话道出了微笑在情感表达上的积极作用。作为一名班主任，在教育学生时能让微笑成为一种艺术和手段，那么学生就会在老师的微笑中受到感染，学会自尊自爱，进而发生改变。

案例

　　记得那是六年级的一堂语文课，教室里一片寂静。同学们的目光都集中在老师手中那一摞厚厚的试卷上。随着老师将手中的试卷慢慢地展开，几乎每个人的脸上都布满了惊恐与不安。老师一个一个地公布着成绩。班上的大部分同学的成绩都念过去了，却仍不见念到我的名字，我的心中像揣了个小兔子似的，咚咚跳个不停。正在这时一个响亮的声音打断了我："×××，72分。"天呀！我一下子被惊得手足无措，72分，可怜的72分！下课后，我终于抑制不住自己，眼泪冲垮了理智的堤坝，我伤心地哭了。后来，老师把我叫到办公室，给我讲了许多许多，最后，老师微笑着对我说："你是有实力的，关键看你是否有信心！失败并不可怕，可怕的是被失败彻底打垮！"老师那语重心长的谆谆教诲，像重锤一样敲在我的心上，使我热血沸腾，失败的阴影顿时消失。而后，多少个夜晚，台灯伴随着我的左右，成堆的资料上留下了我的足迹和汗水。经过几个星期的拼搏，功夫不负有心人，再次测验我成功了！"×××，97分，最高分！"老师笑了，这微笑，那么灿烂，那么诚恳，在这微笑中，我得到了一切。那甜蜜的微笑，是一个美好的烙印，深深地印在了我的心上。

　　这是一位学生考试失利后，教师借助于微笑与其沟通，让学生消除心理障碍，进而在老师的鼓励下发生了改变的案例。案例中的这位老师，在情感表达时，注意用微笑打开学生的心门。试想一下，倘若这位老师当时以批评取代微笑，会出现怎样的局面呢？如此和谐的沟通，如此直击学生心灵的柔软的一幕就不会出现了。

4. 让关爱传达情感

如何看透孩子的生命？这需要我们走进孩子的内心，关爱他们。班主任要关心班集体，爱护班集体中的每一位成员。真正地从内心爱他们、关心他们。使他们感觉到老师真心的爱护，体会到集体大家庭的温暖。从而使得班集体真正成为团结向上、充满温暖、充满爱意的集体，成为具有极强凝聚力的集体，使学生有"家"的归属感。

案例

五年级（2）班W老师班上的学生小A父母离异，他从小跟随父亲生活，在家常受父亲打骂，根本体会不到家的温暖，放学后常流露街头，不愿回家。一天，全班同学在上体育课时，小A突然晕倒。W老师了解到小A的家庭情况，知道他经常没吃早饭就来学校，因此导致营养不良，严重低血糖。于是W老师不但自己花钱找来出租车，还让同学们和自己一起将小A送进医院进行治疗。小A醒来时，看到病床边的同学们，顿时感到一股暖流。这个平时孤僻、不爱说话、常给班级添乱的小A对于自己受到这么多同学和老师的关心和爱护感到意外。他说："你们为什么来看我？"W老师说："你是家中的一员啊，兄弟姐妹都很关心你啊！"小A突然觉得被班级重视，受到同学们的尊重。

关爱，是人类一个永恒的主题，它以无穷的力量，推动着整个社会文明地向前发展。教育事业最需要关爱，教育家苏霍姆林斯基说："关爱孩子是教师生活中最主要的东西。"教师的关爱，是师生间一条感情通道，是开启学生心智的钥匙，是照亮学生心灵的灯塔，是素质教育真正实施的可靠保证。近代教育家夏丏尊说："没有爱就没有教育。""教育的形式如同水池，唯有情和爱才是池里的水；没有情和爱，教育就成了无水之池，任你形状各异，总逃不出一个空虚。"而在学生教育中，班主任的关爱如同和煦的春风、温暖的阳光、甘甜的雨露，呵护着学生成长，让情感交流成为一种艺术，促成学生生命之花的开放。

5. 借行为进行情感交流

在师生的情感交流过程中，恰当的动作不但可以让情感表达得更加深刻，也可以将班主任对学生的情感传递得更加明确，从而打动学生，提升对学生的教育效果。

案例

自从接手这个班级后，作为半路接班的班主任，林老师对这个班级倾尽了自己的心血和爱意。过几天就是圣诞节了，林老师想到人都是有感情的高级动物，每个人都渴望温情，虽然节日只有短暂的一天，不过同学们都盼着。于是林老师在圣诞节前夕去商店里买了两张圣诞老人的图片悄悄地贴在班级的两面墙壁上，然后挑了几首圣诞歌曲，在圣诞节中午12点时轻声地播放。而就在这音乐声中，学生们都在轻轻的旋律中认真地做作业，站在讲台上的林老师当时都有了家的感觉。

后来，林老师从学生们写的周记中发现，学生们真正将班级当成自己的家，有些同学写道："来这儿就读前听说学校的条件不如城市里的，教学质量也比不上城市里的。然而和老师、同学相处一段时间后深深体会到'家'的温暖，我很开心，也很快乐。"

案例中，林老师借助于为学生过圣诞的举动，为学生打造家的感觉，从而借自己的行为向学生传达情感，而学生则用自己的表现对老师的情感传达进行良性反馈，于是师生之间的情感互相流淌。而林老师的做法，就是一种情感交流的艺术。

三、运用情感交流艺术的注意事项

"感人心者，莫先乎情。"以情的付出赢得情的回报，以爱的播种获取爱的丰收，这是很多班主任的制胜法宝。但在实施情感交流艺术对学生进行教育的过程中，也应注意一些问题。

1. 要注意情感表达的原则性

一般说来，班主任教育学生，付出的爱心越多，得到的回报越高，但这并不意味着班主任可以将爱心当作自来水随意泼洒。爱，也得讲究原则，即有利于良好班集体的建立，有利于学生的健康成长。否则，对学生"百依百顺"，护短，甚至包庇，那爱心就会变质，希望将结出苦果。

案例

W老师来到这所实验学校任班主任将近3个月了，在过去的日子里，W老师很少对学生发火，看到他们那么可爱，W老师根本不忍心说他们，认为一个天天微笑、"晓之以理，动之以情"的老师绝对比一个天天板着脸的老师有魅力。于是最初，学生们对W老师因为心存几分好奇，还算遵守纪律。但是，时间长了，学生失去了对这位新班主任的新鲜感，对W老师的尊重与敬畏也就少了。结果W老师班的学生越来越不遵守班级纪律。这天下午的一节自习课上，学生们都在一切如常地进行着自己的学习活动。自习上到一半，一些学生开始不遵守课堂纪律，打闹起来。

当W老师来到班级时，发现一个学生在座位上哭泣。经过询问，W老师了解到是由于有的学生打闹，影响了他的学习。W老师追问是谁，他也不说，这个学生年龄偏小，看来是受欺负了。W老师很生气，仔细观察，发现竟然有班委在说话，于是W老师更加生气了。这名班委此前因为不能以身作则，W老师已经跟他谈过好多次，不过每次都是和颜悦色，但是他似乎已经习以为常，并且越来越调皮。想到这里，W老师不但生气地批评了全班同学，而且将这名学生叫出来，对其严厉地批评。这次谈话，W老师一改从前和颜悦色的态度，相当严肃地，而且这种严肃并非装出来的，而是情绪的真实表现。在接下来的日子里，W老师虽然还是经常就班级的相关工作与这名学生谈话、沟通，但会在与其交流时给予提醒和"警告"。一段时间下来，在W老师的重点关注下，这名学生工作认真多了。同时，由于W老师在全班的严厉表现，班上的学生都有点怕W老师了，再也不敢为所欲为了，W老师对学生的教育也做到了"杀鸡儆猴"的效果。

这个案例说明，一名掌握了情感交流艺术的老师，必定是一位受学生喜欢和爱戴的老师，但并不是给学生无限关爱和纵容学生的老师，而是在情感交流中注意原则性的老师。因为他（她）深知，无原则的情感表达，不但无益于学生教育，而且会造成学生泥潭深陷，留下终生的遗恨。

案例

某班主任平日与学生打成一片，班集体建设得相当成功。可金无足赤，班上有一名男生时有违纪行为发生，最后竟敲诈同学钱财。作为班主任，理应及时对他进行严肃的批评、教育，必要时还应寻求学校、家庭的配合，可这位班主任一怕家丑外扬，有损班级荣誉；二怕批评重了会影响师生感情，只轻描淡写、遮遮掩掩地"教育"了几句，就不了了之。由于灵魂深处未受到触动，事隔不久，这名学生终因"旧病复发"而被有关部门依法处理。

案例中这个学生的结局令人痛心，虽说当事者对此要负主要责任，但与班主任无原则的爱也有一定的关系。可见，情感交流教育要与纪律约束相结合；爱，不能无原则，更不能纵容。一名懂得情感交流艺术的老师，应该是对学生的成长负责任的老师，当学生成长的过程中出现各种问题的时候，应该严肃而一针见血地指出，并且让他们意识到这种行为的恶果，学会对自己的行为负责，而不是一味地纵容、溺爱他们。这样的情感交流艺术才是科学的艺术，这样的情感交流艺术的运用，才是对学生的成长负责任。

2. 不要将情感交流演变成拉关系

人是感情的动物，在处理各种关系时，极易带上个人感情。诸葛亮在《出师表》中，就国内政治问题，明确地向后主刘禅提出了"不宜偏私，使内外异法也"的建议。偏私，就会产生不公，影响对国家的治理。作为班主任，要想成功地管理好一个班级，在运用情感交流艺术时，更不能将情感交流演变成搞关系。

众所周知，作为塑造学生高尚心灵的"工程师"，班主任自己的灵魂首先必须是高尚的，这种高尚表现在情感交流艺术上，体现为以身作则，严于律己，让情感交流艺术服务于对学生的教育，而不是为自己谋私利。然而，当下极少数班主任在实施情感教育艺术的舞台上，却自觉或不自觉地扮演着不光彩的角色，他们的感情付出是有条件的，那就是与利益挂钩。学生家长有地位，能为他们办事提供方便；学生家庭富裕，逢年过节愿向他们做些"表示"……这些班主任就会对这些家庭的孩子给予情感交流，达到"好雨知时节"的效果，否则就吝于和学生进行情感交流，更谈不上运用情感交流的艺术了。

案例

某班主任对班上一名官员之子厚爱有加，隔三岔五就要家访一次。为加深感情，还时不时将这名学生请到宿舍进行单独辅导。对他的这种做法，班上同学议论纷纷。那位官员之子仰仗班主任这柄保护伞，俨然以"老大"自居，欺负同学；学习上则懒得吃苦，始终是原地踏步。

由此可见，这种以家长地位来定与学生情感交流的深浅的做法，有害于学生的成长和良好人际关系的形成，有害于优良班集体的建立，败坏了班主任形象，败坏了学校和教育者的形象，更不利于班级管理和对学生的教育。

3. 要对学生一视同仁，不能心存偏见

有些班主任对待表现好的学生，表扬与鼓励挂在口头，笑容绽在眉梢；而对表现稍差的学生，往往缺乏关爱，甚至视之为班级前进的绊脚石，懒于和这些学生交流与沟通，结果这种情感交流的偏颇性，导致了情感教育对于班级中的多数学生的不公平，于是学生好的更好、差的更差。其实，"一个曾被认为不值一爱的学生身上确实存在着可爱的因素，存在可喜的苗头"（苏霍姆林斯基语）。作为班主任，要满怀爱心、独具慧眼，要善于从所谓的后进生身上挖掘出"美"来。一个在情感交流上能做到"爱不好的孩子"的教师，对学生的爱才是真正的爱，其所运用的情感交流艺术方能称为艺术。

案例

有一位叫小 A 的学生，平时学习作业经常不做。班主任王老师是她的数学老师。作为一名刚刚任教该班的新老师，王老师发现问题后就去找小 A 谈话。

"小 A，昨天的作业为什么没有交？""我忘了带来。""那你下午能带来交给老师吗？""可以。"这时，其他学生在一旁说："老师，别听她的，她是一头猪。作业根本不会做。""她连乘法口诀都不会。问她是白问。她真是一头猪。""你们能怎么这样说同学？""老师，真的，不信，你去问我们班上其他的同学。"回到办公室，王老师向其他老师了解情况。办公室其他老师都说小 A 的成绩太

差了。

到了下午。果然小 A 没把作业交来。王老师了解到这情况后，又找小 A："小 A，为什么不交作业？""老师，我没有做作业。""为什么？""我课堂上听不懂，列的算式不会计算。"王老师心想，难道天底下有这么差的学生吗？于是试着让小 A 背乘法口诀。从一背到九。小 A 真的不会。天哪？这样的学生如何升级？于是王老师心想，一定要帮助小 A 同学。首先从哪儿入手呢？对，先从树立信心入手。李老师在班上宣布说："从今天起，班上同学不许说'她是猪'，那是不尊重同学的表现。从今天起，我们要与小 A 同学结对子，要帮助她。"从此后，王老师不论在任何场合，都给小 A 创造机会，让同学们看到一个变化了的小 A。小 A 看到班上的同学不再嘲笑她笨了，她也高兴了，遇到不理解的作业能积极主动地去找老师请教。经过一个学期的努力，小 A 同学进步了许多。

在这个案例中，班主任王老师平等地对待小 A，尊重她，才让小 A 亲其师，愿意与老师沟通，进而提高了自己的成绩。

4. 情感的表达要真诚

教师在运用情感交流艺术对学生进行教育时，要发自肺腑地爱学生，这种爱要深挚而无私，以虚情假意来糊弄学生是万万要不得的。然而，有些班主任当面对学生，特别是对后进生"谆谆教诲"，以"情"予之，背后却"赠"以"弱智""朽木"之类的称呼。学生一旦洞悉了班主任的这种表演，品出了班主任情感教育中的水分，那所谓的情感教育还能有几分收效呢？

案例

苏联教育家苏霍姆林斯基提出"把整个心灵献给孩子"，这位著名的教育家，每天站在校门口，以亲切慈祥的笑容迎接每一位上学的孩子，以深情眷恋的神情目送他们回家；在生命的最后日子里，他仍然渴望回到学校，同孩子们在一起，听孩子们的笑声。正是因为他发自内心、毫无偏见地运用了情感交流艺术，于是其深挚无私的爱才赢得了孩子们的心，无论他在哪儿出现，哪儿就会有一群孩子围上来和他说笑。

5. 对学生的情感要博大

班主任不免会遇到来自学生、家长的窘迫和尴尬，有时甚至有被不齿、被嘲讽、被侮辱的感觉，比如有的学生在众人面前公开地顶撞或辱骂老师、家长在学生面前谩骂或指责教师、学生或家长匿名或署名向上级领导"举报"班主任。对此，班主任要以博大的胸怀包容和接纳学生，如此方能在教育学生时，真诚而无偏见地运用情感交流艺术。

案例

全国著名班主任、德育专家、资深家庭教育专家、教育部德育讲师团主讲专家米裕庆在他的报告中曾讲过这么一件事：他刚接手一个新班级后，第一节课向学生例行自我介绍。他说："同学们，学校领导安排我来给大家当班主任，我姓'米'，……"同时在黑板的一角规规矩矩地写了个"米"字，一些学生立马起哄道："米老鼠的'米'！"全班学生哄堂大笑。

米老师缓缓转过身来，跟着大家一起大笑，风趣地说："说得太对了，就是米老鼠的'米'，我们原本是一大家子的，只不过我们变异成了人，它们变异成了老鼠。看来，同学们都喜欢米老鼠，我也是。只要有共同语言，我想我们肯定能相处得很好。"

案例中的米老师以博大的胸怀对待学生、包容学生，因此能够巧妙地运用情感交流艺术，实现与学生的沟通，达到有效管理。然而在现实工作和生活中，一些班主任心胸狭隘，在遇到上述类似的事情时，或是从此想方设法发动任课教师和全班学生冷落、孤立当事学生，或是一有机会就在班级里指桑骂槐、含沙射影地给当事学生制造不快，以挖空心思把当事学生驱逐出这个班级和学校而后快。甚至一些班主任因为一些小事，做出了与身份和职业不相符的事情。这样的班主任在做人、做事上小肚鸡肠，说得好听是眼里揉不得半粒沙子，说得不好听就是为人过于苛刻而不够宽容。他们的行为，不但说明了他们对学生的情感不够博大，不利于情感交流艺术的运用，也说明了其个人修养存在问题。

还有一些班主任的心胸不够博大，表现为以厚此薄彼的态度对待自己所带班级的学生和其他班级的学生。比如一位班主任见自己班级的一名小同学被别的班级的一个大同学欺负了，竟出手打了那个大同学一拳，事后还理直气壮地宣称："难道当教师的不该保护自己的学生吗？"还有的班主任同时在几个班任课，于是当自己的精力不够用时，就会向自己的班级"倾斜"。事实上，以上这些行为并非真正地爱学生。对本班学生来说，这样的班主任实际上是将自己作为班级的头领，将学生变成了私有物，因而这种爱是自私的；对外班学生而言，这样的班主任的轻视及其他任何不负责任的行为，均会损害自己在本班学生心目中的形象，降低自己的威望。

作为班主任要认识到，只有博大而非狭隘的爱才是真正的爱，不应将自己只当作某个班的班主任，而应将周围所有的学生当作教育对象，对他们赋予同样的爱和教育的义务。如此一来，才能在教育学生时，得心应手地运用情感交流艺术。

6. 注意情感表达的适度

爱，是一门艺术，班主任欲提高带班水平，研究并掌握情感交流艺术，做到有度相当重要。须知，班主任在教育学生时，倘若感情泛滥不但不利于师生之间的情感交流，而且会取得相反的效果。这就如同水之于禾苗，过多就会将其淹死是一样的道理。

案例

某学生家中贫困，面临失学的危险，班主任知道后，不由分说即召开"献爱心"主题班会，又是捐款又是演讲，轰轰烈烈。然而这位受助的学生非但不感谢班主任，反而对这件事耿耿于怀，原因是他认为班主任的这种做法是有意让他在大家面前难堪。

事实上，这位班主任完全可以换一种方式帮助这名学生，不但可以达到接济他的目的，而且注意照顾他的自尊心，不令其难为情，那么结果就不同了。班主任在召开主题班会前，要事先征得这位同学的同意，否则爱心就可能变成施舍，帮助就可能变成打击。由此可见，班主任在运用情感交流艺术时，要注意掌握火候，不要无节制地"爱"。

专题二

教育说理艺术

罗曼·罗兰说:"谁要能看透孩子的生命,就能看到湮埋在阴影中的世界,看到正在组织中的星云,方在酝酿的宇宙。"这说明了教育的复杂性,也说明了教育的艺术性。而教育说理作为班主任工作中的一种重要艺术,要想真正掌握这一艺术的方法和技巧,不但需要班主任在长期的工作中精心雕琢,不断总结,而且需要付出爱,学会爱,如此才能达到运用自如的境界。

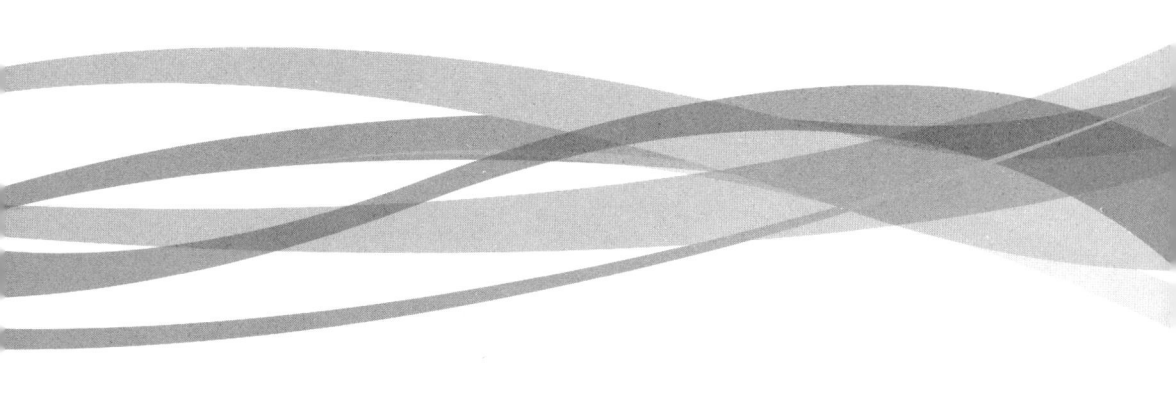

教育故事

一块没能拍出去的板砖

学生小A上学时带来了一块板砖,这一信息被身为班主任的王老师无意间听见,怎么办呢?王老师进行了激烈的思想斗争,想象着不同的做法带来的后果。

第一种做法:开门见山,直接问他。结果可能是:小A三缄其口,明显敌对。

第二种做法:在他没有任何准备的情况下搜他的课桌,攻其不备。结果可能是:小A怀疑同学,学生之间产生新的矛盾,也许一波未平一波又起。

第三种做法:敞开天窗说亮话,直接叫住他,对其刑讯逼供。结果可能是:小A死不承认,一笑而过。

这三种做法结果都不理想。到底应该怎么办?最后,王老师让自己先冷静下来,最终想到了解决问题的妙计,于是抱着一堆作业走进班里。

一进班级,学生们看到王老师进来,都抢着走过来,嚷着:"王老师,我们帮你发作业。"王老师笑着说:"每次都是你们帮我发,这次老师要亲自给同学们发作业。"大家开心地笑着,纷纷回到自己的座位上,等着王老师发作业。就这样,王老师一桌一桌地发着作业,发到小A座位的时候,她故意趔趄了一下,结果作业本自然散落了一地,于是王老师一边说着"对不起",一边在俯身拾作业本的同时,顺手把小A的桌子拽倒了,然后自己佯作摔在地上。于是隐藏在书桌里的那块砖自然也掉了出来。小A脸一下白了,很显然他被吓了一跳,满脸惊恐,惊异地看着王老师。王老师装作摔得很疼的样子,小A急忙去扶王老师。王老师看了看砖，说："小A，你准备学砖雕啦？"小A本来很紧张，但听王老师这么一说，赶紧如释重负地点头。王老师接着说："我就对砖雕感兴趣，可惜一直没有机会学，你赶紧学，这个作品一定要送给我，我就要这块砖的。一个月能完成吗？"小A的脸红了一阵白了一阵地答应了王老师。随后，王老师说："这是咱们之间的约定，你可不能找其他同学帮助。我得做个记号。"于是王老师就从小A的桌上拿了一支笔，顺手在砖上做了记号，还用力将记号刻得深一些。这天，小A失去了"战斗"的武器，自然没能"拍"人。放学的时候，王老师还特意对小A笑着说："别忘了我的砖雕。"

一段时间后，王老师竟然真的收到了小A的砖雕作品。上面刻了五个字："老师，谢谢你！"王老师不知小A是谢她给自己留了面子，还是冲动之后考虑到了打架的后果。不过这一切并不重要，因为最坏的开始迎来了最好的结果。

一、教育说理艺术的理解

众所周知，教育工作的对象是人，确切地说是人的心灵。倘若班主任不去了解学生的内心世界，那么他对学生的教育就会在他和学生之间筑起一堵墙。因此，作为一名班主任，要让教育被学生发自内心地接受，就要修炼自己的教育说理艺术。何为教育说理艺术？所谓说理教育，就是一种向学生讲清道理，以帮助学生分析认识问题，从而推动其不断成长进步的方法。在实际班级管理和学生教育时，班主任讲究教育说理的方法与技巧，可以提升教育效果，不令学生对其教育产生逆反心理。

二、运用教育说理艺术的方法与技巧

在实际的教育工作中，班主任倘若想要让学生感受到教师的关爱，让学生接受教师的教育，就要明确，一味地用情而不重道理的省悟，并不是成功的沟通；一味地讲理而忽视对学生的关爱之情，更是失败的沟通。相反，班主任倘若把握好教育说理的艺术，就可以推动学生不断成长，促进师生之间的交流沟通，融洽师生之间的关系。所谓教育说理艺术，就是指班主任采用科学的方法和技巧，掌握说理的时机和背景，把握说理的尺度，注意说理的分寸和说理的深度，清楚学生的心。下面的方法和技巧，不妨一用。

1. 情理并用

李镇西老师在其论著《爱心与教育》中提出：建立师生之间的和谐关系能让学生具备舒展、愉悦的心灵；教师对学生具有了真诚的信任和尊重，学生会感到人格的尊严，又会对老师产生朋友般的信赖。而倘若想在教育学生时，得心应手地运用教育说明艺术，就要创造出这种新型的师生情感关系，班主任就要对学生真心付出，在与学生沟通时，情理并用。

（1）以情沟通，做好铺垫。

著名的教育家陶行知先生说过："真正的教育是心心相印的活动，只有从心里发出来，才能打到心的深处。"这就告诉我们，要运用好教育说理的艺术，就要走进学生的内心，以情沟通。如此方能让后面的教育说理被学生接受。

案例

W老师在送走一届毕业生后，又接手了一个初三的班级。经过了解，这是一个班风正、学生仁义懂事的班级，但是学生的整体成绩欠佳。于是W老师按部就班地将班级的各项工作捋顺，让一切工作步入了正轨。然而就在此时，学生小A转到了班里。

这是一个看上去仪表堂堂的男孩子，对老师也毕恭毕敬。不过私下里一了解，W老师就担心了。原来，小A原是本校的学生，行为习惯非常不好，经常迟到早退，扰乱课堂，不写作业，生活也懒散。加之有一位溺爱孩子的妈妈，为了他多次与任课教师发生冲突。无奈之下，他只好转到外校。但恶习难改，又被劝退，无法回到原班，只好又转入W老师的班级。当然了，小A也有一个特长，那就是喜欢音乐，且天赋极佳。

W老师真心不想让小A影响了自己好不容易理出头绪的班级，苦思教育小A的良策。在最初的一段时间里，小A表现极佳，能和其他同学一起背着书包正常上学和放学，课堂上也不存在任何捣蛋的迹象……然而好景不长，不到半个月，小A就原形毕露了。多位任课教师和学生及家长反映，小A严重干扰课堂，从不做值日，迟到早退更是"家常便饭"，而且还逃课，老师检查作业，他就雇人写，成了班级的"害群之马"。尽管早就有心理准备，W老师还是颇为头疼。不过，毕竟是多年的班主任，W老师先与家长联系，希望可以家校配合，共同解决问题。结果小A的爸爸对W老师说，自己对小A经常进行教育，甚至打骂，但没任何效果。听了小A家长的话，W老师真想干脆放弃他算了，但为人师表的神圣职责使得他还是决定找准切入点，帮助小A。经过反思自己对小A的教育过程，W老师认为自己由于受到刻板的首因效应的影响，所以对小A的态度有不妥之处。于是经过深思熟虑，W老师再次找到小A，从班主任工作开始入手，谈一些学生的改变，让小A意识到，一个人是可以战胜自己的不良行为的，重要的是相信自己并做出努力。随后，W老师从小A最近逃课的行为入手，对他进行了教育说理。在此过程中，W老师采用了希望式的对比教育，为小A描绘了改变自己后未来的图景与当下发展下去的糟糕状态，晓之以理，动之以情，终于将小A的心扉打开。同时，W老师耐心地倾听小A内心真实的想法和愿望，理解他，鼓励他。最后，W老师真诚地对小A说："我知道你要一下子改变不容易，不过我是真的希望将来的你可以为今天自己的努力而自豪，也让我为你自豪。所以，让我们师生俩一起努力，你看成不？"此后，W老师不时地找小A谈话，及时鼓励他，了解其内心的想法，还利用学校文艺会演的机会，鼓励小A展示自己的特长，登台表演，为班级争光的同时，也证明自己。最终，在W老师和同学们的鼓励下，小A站在了表演台上，并赢得了奖项。在全班同学为他举办的庆功会上，小A激动得失声痛哭后，W老师又不失时机地找小A谈话，让他清楚大家喜欢他的原因。从此之后，小A变了，他不但能遵守纪律，而且开始关心他人，做事时能从集体和他人的角度出发了。其父亲也给W老师打来电话，说他在家里也变得懂事了。

在上述案例中，W老师在教育学生小A时，就注意以情沟通，为后面的工作做好铺垫。试想，倘若没有W老师之前的一步步沟通，真诚地劝说，同学们怎么会发自内心地为小A举办庆功会，小A又怎么能被老师和同学感动，更不会有后来的惊人的改变。

因此，要发挥教育说理的艺术，以情沟通，方能真诚感人，方能让学生发自内心的感动，方能让教育深入学生的内心，达到"随风潜入夜，润物细无声"

的效果。这恰好说明了诚是教育说理艺术发挥的技巧，也教育说理的方法。

2. 以爱传理

班主任运用教育说理的艺术时，要达到教育效果，就要注意理要入心，尊重学生，不让学生丢面子。让学生在被尊重的同时，感受到教师的爱心。入心的交流，表达的是教师的关爱，它是教师一个善意的微笑，是教师一束关注的目光，是教师一句鼓励的话语。学生从入心的教育说理中要学会自我反思、自我认识，并逐步改正完善。

案例

小丽同学是杜老师接手高一（11）班后，发现的班里最为异常的女同学。经了解，杜老师得知小丽的家庭曾经历变故，因此她平时脾气比较暴躁，经常和老师"顶牛"，同学关系也比较僵，不愿意参加班级的活动，平时上课表情经常木然，学习成绩处于班级后10名。

鉴于小丽的这种情况，杜老师采用避其锋芒、以爱心化解的方法。首先，杜老师对小丽不去挑刺，不和她对立，而是多理解她、多关心她，为的是消除她对老师的敌意，从而便于更进一步工作的开展。其次，杜老师不用大道理说服教育，而是正常地和小丽接触。一段时间下来，杜老师发现小丽其实属于智商较高、性格很直的学生，与其讲大道理，不如让她自己思考。于是杜老师试着用各种途径去了解她的内心世界，帮助她化解心中的矛盾。经过一段时间的努力，杜老师发现自己和她的关系变得越来越融洽。一次偶然的机会，杜老师发现小丽特别喜欢写周记，这除了和她的文学方面的才能较突出有关之外，还和自己的前期工作有很大关系。

杜老师发现，在周记中，她长篇大论，洋洋洒洒，跟换了个人一样。杜老师用心体会她的感受，和小丽聊得越来越多，慢慢地，小丽在周记中和杜老师无话不说，没有任何约束，没有任何虚假的东西。师生二人成了朋友。杜老师也在周记中，抓住关键时机，用真心去开导、帮助她，没有丝毫的矫揉造作。

一段时间的交流之后，小丽上课积极了，听课认真了，整个人也活泼、开朗了很多，愿意参加班里的活动了。甚至任课教师对她的评价明显好转，说她现在上课特别认真，特别积极，还经常举手回答问题。

等期末考试结束了，小丽进入了全班前20名，而且更为可贵的是，她将班级真正当成了自己的家。

这个案例说明，班主任要达到教育学生的目的，运用教育说理艺术，平时就要勤于洞察学生的言行，及时发现学生身上那些属于心理引起的消极情绪和不良行为，分析原因，采用多种形式疏导和教育他们。同时，班主任还要关爱他们，取得他们的信任和尊敬，让其心里信任老师，从而接纳老师，接受老师的教育。因此，在实际教育学生的过程中，班主任要注意采用以下方法：

一是要学会创设悬念让学生想听。班主任的教育说理，是要让学生在情愿的状态下感受到教育的真谛；让他们高兴地听，甚至自己想听。做到了这一点，班主任的教育说理就已经成功了一半。因此，班主任大可利用学生的好奇心，创设悬念，让学生在心悦诚服的情况下，倾听教师的说理。

二是要巧用幽默让学生心服。班主任对学生的教育说理要透彻，要有可信度，用幽默的语言启迪学生，让学生心服。这样不仅能营造轻松和谐的氛围，还能使学生心悦诚服，在不受任何伤害的情况下意识到自己的错误与不足，起到事半功倍的教育效果。

案例

一位班主任发现自己班上的一名女同学特别爱哭，就决定在班会上就此谈点看法。为了不伤害这名学生，也让这名学生明白爱哭的不利之处，于是他这样在班会上引出问题。他先问了全班同学一个问题："大家看过《红楼梦》吗？"学生立刻回答："看过！"他看了看大家，挺神秘地说："现在，我想悄悄地问一位男同学一个问题，也请悄悄地回答我。"然后，他走到一位挺勇敢的男同学跟前，悄悄地问了两句话，那男生笑笑，也悄悄地回答了两句。接着，这位班主任就笑眯眯地回到了讲台上，对大家说："现在，我可以公开答案了。我问他的问题是'你喜欢林妹妹吗？'他的回答是'不喜欢'；我又问了一句'为什么不喜欢'，他的回答是'因为林妹妹爱哭'。"听了班主任的话，学生们都笑了起来。于是这位班主任借题发挥，恰到好处地讲起了哭意味着无奈、软弱和缺乏信心等道理。

在这个案例里，这位班主任就巧妙地运用了设悬念和幽默的艺术，让学生认识到自己的不足，这种方法远比生硬的说教要好得多。不过要注意的是，运用这两种方法时，最常用的方法就是巧借情境，为此班主任要注意发现事件与情境的相似之处，即情境与说话对象的相似之处；要注意说话对象的性格特征，以便因人而异运用这种方法。

3. 以理服人

一项针对"你认为最需要解决的校园伤害"的专项调查结果显示：在全国29个省、市、自治区的1170名少年儿童中，81.45%的受访学生认为校园"语言伤害"是最亟须解决的问题。同时，机构经过调查总结出学生最不喜欢老师说的十句话如下：

- 你真的很讨厌。
- 你怎么又不交作业。
- 怎么不好好学习。
- 你是个笨蛋、猪、白痴、垃圾之类。
- 怎么才考了这点分。
- 就你这样也学得起来，就你这样也行。
- 你怎么老是慢慢腾腾的。
- 别再解释了，我知道你在说谎。
- 把你家长叫来。
- 别以为自己有多了不起，也不仔细瞧瞧自己的分量。

以上内容提醒我们，教师在教育学生时，除了用爱传理，还要注意以理服人，而不是用言语伤害，以权势压人，最终导致师生沟通的障碍，甚至冲突的发生。

案例

下课，小刚由于和同学争执一支笔的归属问题，竟动手打了小伟，而且这一拳打得不轻，小伟当场流下鼻血。当学生把毛老师从办公室喊来时，毛老师看到小伟委屈地哭着，小刚则眼里含着泪地瞪着周围对他大为不满的同学们。待毛老师走到他的身边，想拉起他的一只手时，小刚快速地躲开了。此刻的他就像是一只受伤的小刺猬，拒绝任何人的接近。于是，毛老师小声地对着他的耳朵说："走，和老师到操场上走走！"来到操场上，毛老师没有问他任何关于刚才的事，而是跟他讲了一个自己小时候和同学闹矛盾，以至于后悔到现在的故事。听完后，小刚一直低着的头抬了起来，泪水夺眶而出，继而他哽咽着说："老师，我不想打他的。是他一直说笔不是我的，我才……"（哭了一会儿）"那支笔真的是我的！"他认真地对毛老师说。毛老师抚摸着他的头说："老师相信你，而且我也相信，只要你和同学们说，大家都会相信你的！"他没有说话，但从他的眼神中毛老师看到他已经认识到自己打人的错误。接着毛老师又说："老师知道，你是一个好孩子，并不是真的想动手打人的。你能处理好这件事的，是吗？"看着毛老师期盼的眼神，小刚郑重地点了点头，眼里似乎闪烁着被认可的喜悦。不一会儿，等他的心情好了起来，毛老师便拉着他的手回教室上课了，一路上他们边走边聊，他还时不时地看着毛老师微笑。放学后，小刚趁同学们都走出教室，悄悄地来到毛老师身边说："老师，我已经向他（被打的同学）道歉了。老师，我以后再也不犯这样的错误了！"

这个案例中，毛老师没有生硬地当场解决问题，批评小刚，而是将小刚带离现场，单独沟通教育。在沟通教育过程中，毛老师注意观察小刚的神情，分析其心理，从而使师生沟通得以顺利进行下去，并对小刚的心灵加以触动，让小刚自觉认识到自己的问题，发自内心醒悟。这种方法就是渐进叙理的方法。

所谓渐进叙理，就是依据思维活动规律，从学生容易接受的浅显道理出发，由浅入深、由表及里地进行叙述。这种方法在实际操作时，重点在于了解学生的思想状况、情绪情感，摸清其思路，找出其症结，对症下药，达到教育目的。

4. 迂回说理

泰戈尔说："不是槌的打击，而是水的载歌载舞，使鹅卵石臻于完美。"学生原本就是一块没成器需要精心打磨的石头，班主任在教育学生时，不用"槌"，因为如果用力过猛，方法不当就会令其粉身碎骨。因此，教育学生时，先不正面触及问题，而是拐个弯，从问题的外围入手，采取迂回战术，进而达到以情感人，引导、教育学生的目的。这种做法比愤怒和训斥更能触动其心灵。

案例

一天，苗老师发现自己前一天放在讲桌上的钢笔不翼而飞，问学生们，都说没看到。但苗老师清楚地记得昨天放学前钢笔还在。肯定是有人"拿"走了。苗老师暗中调查，获知学生毛毛这天早晨来得最早。难道是她？毛毛是一个弃婴，后被一个沿街乞讨的残疾人收养。因为每天放学后要帮养父捡垃圾，这个孩子的皮肤晒得黝黑。对这样一个经历坎坷的学生来说，此事处理得稍不小心，就会伤害其自尊。

经过再三思考，苗老师在午饭后将毛毛叫到办公室。苗老师先是与毛毛谈学习，鼓励她自强不息，做生活的强者。在这一过程中，苗老师故意给毛毛讲了许多拾金不昧的故事。最后，苗老师让她帮自己将落在讲桌上的钢笔取来。结果没一会儿，毛毛来到办公室，低着头不好意思地将其递给苗老师。苗老师接过来，意味深长地说："这支钢笔十分宝贵，它已经陪着我十多年了。今天老师把它送给你，期望你取得更大的进步。"这时，苗老师分明看到毛毛的眼里含着泪水。之后，毛毛再也没犯过类似的错误。

这一案例中，如果苗老师将毛毛的行为与"偷"联系起来，那么极可能击碎其脆弱的自尊，甚至影响其终生。因此在教育学生时，巧妙地采用迂回说理的方法，这也是教育说理的艺术方法的运用。

三、运用教育说理艺术的注意事项

教育家苏霍姆林斯基说过："学生在本质上具有向你敞开心灵、倾吐自己的感情和思想的精神需求。"因此，班主任要熟练掌握教育说理艺术，就要注意满足学生倾吐自己感情和思想的精神需求。

1. 情不离理

案例

高二（4）班的刘同学，刚进高中的时候，曾因多次违反学校纪律（如打架、斗殴）而被学校处分，几经周折的他重新回到班级。高一下期班级调整时分到W老师的班，当他从W老师身边走过时，W老师有意叫住他，说："新的班级，新的开始，'人非草木，孰能无过，知错能改，善莫大焉'。我不计较你过去所犯的错误，往事就让它过去，不要放在心上，但愿你今后做任何事情要三思而后行，理智些，不要冲动。在新的班集体里好好表现，为自己父母交上一份满意的案卷。"听完之后，他低下了头。后来，W老师又多次与其家长取得联系，进行诚恳交谈，家长很支持W老师的工作，愿意配合学校共同教育。一年来，W老师对刘同学不断地进行耐心细致引导教育，后观察发现，他总的来说还是比较遵守校纪班规，自己总是想方设法去弥补以前的错误，不时地为班级出谋划策，能够积极参加各项有益的活动为班级争得荣誉。

在这个案例中，W老师采用的就是以理服人的沟通方式。在沟通中，W老师让刘某意识到，知错就改的好处，从而让其明理，促其成长。在师生沟通中，体现了教师用理性的方法培养理性的学生的原则。为此，班主任在运用教育说理艺术时，一要在讲理的时候努力让学生解释清楚自己的要求，促其明理，并按此方式要求他们；二要注意倾听学生的看法，不管是赞成还是反对的声音；三要以较高的行为准则要求学生，并鼓励他们成为独立而有主见的人；四是对学生提的要求应以符合学生的发展为前提；五要肯定学生正确的言行，并注意对事不对人，正确看待学生的行为；六要注意在讲理的同时严格要求学生，促其成长为独立的人。

2. 情要入理

案例

学生小萍成绩一般，对做作业有些偷懒。为了调动她学习的积极性，肖老师安排她担任英语小组长一职，希望在组长职务的影响下，能有个全新的她。第一个月，虽然成绩还是平平，但基本的作业都能按时完成。但是到第二个月的一天，肖老师在批英语作业时发现其中一组有两个本有点特别。一本是小艳的本子，是没有完成作业的，但特别的是她本子里缺了一页；另一本是组长小萍的，她的特别之处是作业是写在一张纸上，然后夹在本子里的。肖老师仔细观察一下马上发现那张纸上的字迹,明白了是怎么回事。于是,肖老师把两位同学都叫来办公室,问她们作业做哪了,她们翻开作业本都想老师看她们的作业,但翻开后发现都是空白的。小萍显得有些不太自然,但坚持说自己做作业了;而小艳显得有些摸不着头脑,对肖老师说写了,可能交错本子了。

于是肖老师让小艳先回教室,和小萍单独聊起来。首先,肖老师肯定了她这段时间的表现,然后,肖老师让她再仔细想想昨天的作业到底怎么回事,但她还是没承认;肖老师拿出那张作业纸,问她是不是这张,这时她似乎意识到了什么,马上回答不是,肖老师追问:"这张纸就夹在你的本子里,不是你的是谁的呢?"她无语了。于是,肖老师乘胜追击对她说:"你知道吗?本来你只是忘做了作业,这也是你第一次,你只要主动向老师说明一下,我也会应允你一次;而你现在却犯了一个错误知道吗?你利用组长的职务把别人的作业占为己有来欺骗老师,你觉得这种行为是否正确?"她终于向肖老师承认了错误,并承诺以后不会再犯这样的错误了。肖老师还是让她继续担任小组组长一职,并表示信任她能做到。

这个案例提醒我们,班主任教育学生时,运用教育说理的艺术,除了情不离理,还要注意说理的同时传递关爱,理不离情,培养学生的自立、自控能力以及乐于探索的精神和满足感。因此,教师在运用教育说理艺术时,要注意以理服人的同时,传达关爱之情。

一是说理要入情。班主任调动学生的情感是其重要的工作之一,因此,对学生的教育说理要以情感为基础。情感的最大魅力在于能调节学生自己的行为,只有产生必要的情感,才能采取相应的行动。所以,爱是教育说理的基础,也是入情的基础。班主任要用真诚的爱来感染学生、感动学生、感化学生,从而建立起师生情,从师爱出发对学生进行教育说理。

二是情要源于真诚。班主任对学生的态度要真诚,真诚地对待学生,以心换心,才能以谈心达到交心的目的,才能让学生畅所欲言,才能与学生情感上有沟通。班主任要时时处处关爱学生,在日常学习生活中,要和学生多接触,常交流,学生才愿意向教师吐露心声。对学生进行教育说理时,要真诚,教师要先敞开胸怀,做到推心置腹,尤其是和"问题学生"谈心时态度更要真诚,要细心引导,让学生在情感上产生共鸣。这样,教育说理才能事半功倍。

三是情要源于关爱。班主任要实现教育说理，首先要建立起师生情，才能触动学生的情感。班主任付出了爱心，才能得到学生的信任。因此，班主任要做有心人，多留意观察学生的情况，要为自己的教育说理找到合适的机会。比如学生有了进步、助人为乐甚至值日认真，适时地对他们进行教育说理，告诉他们前进的方向，这时候最能打动他们的内心，教育说理的效果也就更好。所以教师对学生的关爱，其深意也在于此。

四是情要源于温暖。有一种情，它永远深藏在学生的内心深处，学生一生也难以忘怀；有一种情，学生可以获得前进的不竭动力。这一种情就来自于温暖的班集体，温暖的班集体不是亲情胜似亲情，这种温暖的亲情需要班主任去营造和维护。温暖来自陶冶，班主任应选好陶冶的环境和方式，如果陶冶的环境和方式得当，那么产生的效果就会明显。从客观环境方面讲，应当选择轻松的环境作为说理的地点，这样可以使学生愉快地接受。比如，在校园的草坪上、学校的食堂里，会使学生感到气氛轻松自然，交流也就自然了。可从天气开始说，也可谈食堂的饭菜，或谈论个人家庭琐事等，运用迂回的方法，使学生感到轻松没有压力，达到"润物细无声"的效果。如果一开始就在办公室等或在全班学生面前教育说理，必然会引起学生的紧张和反感，达不到预期的效果。班主任要善于营造教育说理的氛围，使教育说理在潜移默化中实现。

3. 理要入理

案例

段老师发现学生小全连续两天不见踪影，于是通知其父母来到学校。在焦急的等待中，到了第三天下午，小全才回来。然而，一波未平一波又起，他回来给段老师和家长带来又一个"惊喜"：他要退学，不想读了。经过父母和段老师近一天的谈心，他说出了自己失踪几天的原因：因为看到父母赚钱难，觉得自己也考不上大学，想辍学打工。他的态度相当坚定，无论是父亲的拳头还是母亲的眼泪均无效！段老师感到事有蹊跷，为什么一个这么好的孩子会突然变了呢？于是段老师把小全单独叫到草地上，并肩而坐，说："此刻我不是老师，你也不是学生，我只是大你几岁的朋友或者哥哥，你我可以畅所欲言。"段老师说："说实在话，我对你的那份自强自立和对父母的那份理解、孝心十分欣赏和感动。"这时，段老师看到他眼中闪动着异样的光彩，段老师看时机成熟了，接着说："我的直觉告诉我，我的朋友这次的决定并不是真正为了父母，而是另有原因，在走之前，我期望你能把真正的原因告诉朋友，也许能为你参考参考，好吗？"这时，小全不好意思地低下了头，开始诉说他的故事。原来，小全交了一个女朋友，对方这学期退学了，而他前几天失踪的原因就是专程去劝她读书的，但女友决意去打工。他们两个人感情很好，为了能在一齐并肩作战，所以小全也决定去打工！段老师首先肯定小全的重情重义，然后开始给他细细分析："你很爱她，虽然你还不完全理解感情，但你却一心想给她幸福，这想法十分伟大，但你能不能真正给她幸福呢？此刻的你面前有两条路：第一条路，退学，与她同甘共苦，用自己幼小的臂膀为她撑起一片天空，每月用自己辛辛苦苦挣来的1000来元钱安排你们的生活。可你想过没有，按咱们本地现在的房价，你一年最多买一平方米，何时能给她一个家？怎样给她幸福？第二条路，继续读书深造，也许她在外会苦一点，但当你练好本事找了好工作，有了房子，能给她一个家，这时，你才可能给她幸福，才可能给你们的感情一线生机。"他心里开始犹豫了，但还是坚持自己的决定。于是段老师告诉他："其实你自己也没有把握，这个决定是不是对的，为什么不能给自己思考的时间呢？人生大事，岂能草率决定，走过以后就不可能再回头；不要让自己后悔，你这学期的学费也已经交了，不妨在学校好好思考，你什么时候想好了，如果还是决定要走，想好了再走也不迟。"就这样他答应留下来思考人生的抉择！随后，段老师又利用晚上的时间，多次与小全谈心，告诉他："既然在学校，钱花了，时间也花了，何不认真学点东西，出去以后说不定也能用得上。"就这样，他没有让自己的学习落下。但是终于一天晚上，小全还是告诉段老师自己决定不读了。于是段老师说："这一学期也只有两个来月就放假了，何不读完呢？也不浪费钱。"于是小全又留下来了，但却开始旷课。段老师经过苦苦思索后，决定动用同龄人的亲情疗法……就这样，小全一直在班里学习着，而且还担任了班干部，有了新的目标……

在这个案例中，我们可以看到，班主任是如何巧妙地运用教育说理的艺术，让理入理，引导学生思考，并最终做出有利的选择。这个案例说明，班主任对学生的教育，要通过说理来实现。而在与学生说理时，应该尊重每个学生不同的个性，从学生的优点入手，巧妙地采用多种方法，将道理传达给他们，让他们更容易接受班主任的教育。教育专家认为，表扬能让学生树立自信，使学生自信于自己优点的同时，朝着更高的目标努力。不管是谁，都会有值得被肯定的优点，抓准这个教育说理的切入点，抓住教育说理的侧重点，就一定会取得较好的效果。

一是要抓准说理的切入点。班主任在教育说理时，一定要慎重，要认真备课，深思熟虑，找到最适合学生个性特征的切入点，以"点"带面，引导学生自觉认识形成劣势的原因及赶上的措施。这样，班主任就会做到有的放矢，准确无误。如果班主任对学生的优点视而不见，一味指责缺点错误，学生就会缺乏向上的动力，情绪低落，造成对自己认识不够，从而失去自信心。

二是要抓住教育说理的侧重点。在教育说理的过程中，要有侧重点，要说到问题最主要的焦点和重点上。对学生的问题要抓住要害，即问题的焦点。一般情况下，班主任在教育说理的过程中，应该抓住问题的对与错，要让学生明确是非的标准。然后，让学生明白，错误即使有再多的人犯，也是不对的，每个人乃至整个社会都要有做事的标准和原则。这样，学生不仅不会为自己的错误找借口，而且在以后的学习和生活中会按照是非的标准和原则做人做事。

总之，班主任在运用教育说理艺术时，切忌抓不中要害，没有重点。教育说理必须是非观点明确，要正反两方面讲道理，使学生明白主题，明白教师的教育重点。对学生说理，是一个复杂的过程，能让学生明白且接受并不容易。所以，必须抓住教育说理的侧重点。

4. 情理交融

很多时候，太多的班主任在教育学生时，注重以情动人的同时，忽视了理的讲解，一味地动情，师生均被感动得热泪盈眶，却没能将理升华，引导学生明理。这就失去了教育的最终目的。同样，有的老师一味地注重讲理，态度生硬，不考虑学生的感受，结果学生感到老师不近人情，师生之间关系疏远，最终学生明白道理，但因为情感上不能与老师贴近，进而导致师生沟通障碍的产生，没能达到教育的目的。

为此，教师在教育学生时，既不能因为过于关注情而显得过"软"，也不能因为过于注重讲理而显得过"硬"，要情理并用，如此才能达到师生情感交融，沟通方能产生效果。

5. 注意开辟情感交流的通道

主动开辟与学生沟通的渠道，善于倾听学生的意见和呼声，做学生的知心人，这是运用教育说理艺术要注意的原则。有的学生性格内向，不愿将内心的想法告诉别人；有的学生心存顾虑，怕老师不理解。对学生的个性差异和不同问题，教师必须广开沟通的渠道，如与学生进行个别谈话，要达到人与人的交流、情与情的相融，教师必须放下架子，采用真诚的态度、亲切的语言，动之以情，晓之以理，真诚是打动人的有效手段，只有真诚才能达到相互信任，学生才会将老师当作知心朋友，打开心扉，倾心而谈。对于教师来说，学生能有一个好的发展就是教师最大的成就。现在的学生是非常有活力、有思想的一代，他们有朝气、有激情，教师不能轻易地扼杀他们的新思想，要用心去听，与学生进行思想和情感上的交流。

除此之外，班主任要在教育学生时，运用好教育说理的艺术，还要注意把握一视同仁的原则。不管是什么特点的学生，无论学习成绩好与差，在教师的眼里都应该是一样的，不能在教育学生时因人而异，更不能戴有色眼镜看待他们。教师要用一颗真诚的心，满怀爱意地看他们，与他们进行心与心的交流与沟通，从而让学生乐于沟通，接受教师的教育。

专题三

工作协调艺术

　　班主任作为学生人生旅途中的领路人，作为班集体的教育者、组织者、管理者和引导者，是学校与学生、家长之间联系的纽带和桥梁。班主任做好了与学生、与家长、与领导和同事间的各种协调工作，就相当于做好了班主任工作的一切。

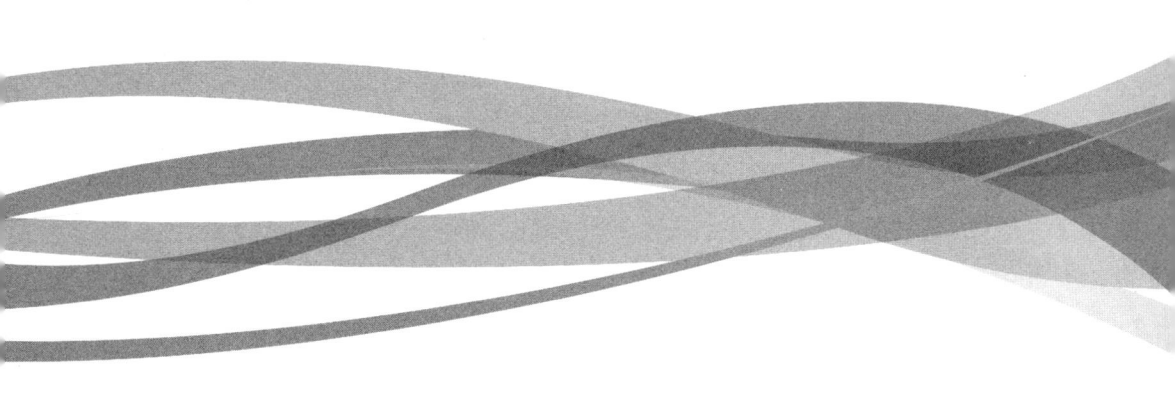

教育故事

躲出来的效果

一天，自习课的时候，林老师刚走到本班教室门口，就听到教室里有嘈杂声——学生的惊呼声、桌凳的倒地声，还有同学们的劝阻声。林老师立刻意识到出事了，于是她紧走几步推开门进教室。看到林老师出现，班里马上安静了下来，两个正在扭打的学生小A和小B立刻停下了，但双方都瞪着眼睛，扭着脖子怒视着对方。其他同学都在看着林老师如何处置他们。林老师意识到当面批评教育他们会影响到别人的学习，也不一定能解决好，而且事情的缘由也没有弄清楚。于是林老师平静地说："请同学们抓紧时间学习，你们俩和我去办公室。"

在办公室，他俩似乎都感到很委屈，当林老师让他们分别叙说打架的理由时，双方不断争辩，各说各有理，试图把责任推给对方。在他们的辩解中，林老师还是了解了事情的经过。他俩是前后座位，因为前排碰掉了后排的文具盒而发生争执，以致矛盾激化，多亏发现及时，否则后果不堪设想。面对他们的争辩，林老师没有当他们的审判官，而是说："我知道你们俩都很委屈，老师能理解，现在我只想让你们想想整个事件中哪些地方自己做得不够好，想好了再和我说说。"听林老师这么一说，他们停止了争辩，都不吭声，低头不语。林老师乘机悄悄地离开办公室，到教室巡视自习情况，并故意多待了一会儿。当林老师再次来到办公室时，小A主动上前对林老师说："老师，是我不对，不该背靠桌子，弄掉了他的文具盒，影响他的学习，而且出口骂人。"小B见对方态度诚恳，也赶忙说："老师，我也做得不对，再怎么也不该动手打人，还严重影响了全班的自习纪律。"林老师一看火候已到，就用商量的语气问："你们说今天的问题怎么处理？"这次，先动手打人的小 B 态度诚恳地走到小 A 跟前，主动握住对方的手说："真对不起，我不该动手打人，请你原谅。"碰掉东西的小 A 也忙说："我也请你原谅。"就这样，一场不大不小的纠纷在平静中解决了。

一、工作协调艺术的理解

所谓协调，简而言之就是调整事物间的相互关系，使之配合得当。其目的是使组织各部门、各环节的活动不发生或少发生矛盾和重复现象。当发生问题时，能够及时地加以调整，保证各部门、各环节之间建立良好的配合关系。班主任管理班级的过程中，不可避免地会遇到各式各样的矛盾和冲突，这就需要协调。协调是班主任班级管理的重要职能，班主任的工作协调就是指班主任在班级管理过程中引导组织之间、人员之间建立相互协作和主动配合的良好关系，有效利用各种资源，以实现共同管理班组织、教育学生的目标的活动。

1. 班主任工作协调的重要性

班级是一所学校最基层的单位，也是学校各项工作的具体执行场所。因而，班级的灵魂班主任的教育和管理工作是否到位，影响着班级的发展，也影响着学校的管理。而在班级管理的过程中，班主任的工作协调能力决定着学生之间是否能用心合作，班级各项工作是否顺畅进行，学校各项工作是否会落到实处。因此，班主任的工作协调能力相当重要。

（1）决定着班级管理的好坏。

班主任和学生是一个班级的共同成员，彼此之间关系的融洽决定着班级的气氛，也影响着学生的学习与生活。可以说，一个班集体建设的好和坏，起决定作用的是形同鱼水、亲密无间的师生关系、生生关系。而班主任的协调对于班主任自身与学生的关系、学生与学生之间的关系起着重要的作用。可以说，班主任的协调能力是其他一切关系和建设好一个班集体的前提条件和重要保证。

（2）各学科教学顺利进行的保证。

一个班级的成员，除了班主任和学生，各学科的科任教师也是必备的一部分。科任教师同班主任一样担负着既教书又育人的重任，所以科任教师与学生的关系是否和谐、亲密，同样影响着教书育人的效果。班主任对于协调科任教师和学生的关系，起着重要的作用。倘若班主任在这一方面的协调工作做得好，就可以让科任教师和学生之间感情融洽，进而提升科任教师授课的热情，提升学生对学科学习的兴趣和热情。可以说，科任教师与学生之间关系的协调性决定着学生的学习效果，是学科教学顺利进行的保证。

（3）家庭发挥教育力量的支持。

除了学校，家庭也是学生生活的重要场所，父母与孩子之间的关系也影响着学生的情绪，进而影响其学习。而班主任就成为家长和孩子之间的重要的协调者。班主任协调工作做得好，就可以减少亲子冲突，让家长成为学生教育和班级管理的重要力量，让学生的教育事半功倍。

案例

李老师班上的学生小燕上课总是不认真听讲，下课后闷闷不乐，从不认真完成家庭作业，自习课上不认真学习。在一个早习上，李老师发现她又在发呆。当李老师与她谈话时，她就说自己不想上学了。为了弄清楚小燕的内心想法，李老师进行了家访。这才了解到，小燕的父母正闹离婚，家中还有一个弟弟和一个妹妹。为了照顾弟弟、妹妹，小燕每天要洗衣服，还要做饭。导致在回学校的路上甚至一度产生了自杀的念头。李老师和小燕的妈妈倾心交谈，站在一个母亲的角度，谈到家长对孩子的影响，谈到一个温馨的家庭环境对孩子的影响。最后，李老师的想法获得了小燕妈妈的赞同。在家长和李老师的共同努力下，小燕在课堂上表现积极，而且学习成绩大幅度提高，班级名次也有明显进步。

总之，班主任的工作协调能力是班主任工作的一把金钥匙，在学校管理和学生教育中起着相当重要的作用。

2. 班主任工作协调的内容

班主任的工作协调内容是如此重要。那么，班主任究竟承担着怎样的工作协调内容呢？

(1) 协调自己与学生之间的关系。

这是班主任最重要的协调任务之一。作为班级的主要管理者，班主任面对的是几十个鲜活生动的精灵，他们有着迥异的家庭背景、广泛的兴趣爱好、独特鲜明的个性特征、复杂多变的思想状态，班主任要想与这些学生建立良好的沟通，首当其要的一点就是要深入、全面地走近他们，真诚地关注他们、了解他们，热心地引导和帮助他们解决各种难题。班主任倘若想管理好班级，创设融洽的师生关系，就要协调好与学生的关系。这其中就包括公平地对待每个学生，公正地处理班级中的事务，宽容地对待学生的错误；在班级管理中，充分信任学生，放手让学生去做，让学生以主人翁的姿态管理"自己的领域"等，从此为班级管理工作的顺利开展打下基础，让学生得以发挥作用，给学生提高能力的机会，进而创造出双赢的局面。下面案例中的教师就是用宽容和理解，协调了师生之间的关系，解决了师生的矛盾冲突。这就是班主任的协调内容之一。

案例

在一次班级自由活动课的篮球比赛中，A同学不小心碰到了B同学，于是两人争执起来。为了不影响其他同学练习，W老师把他俩叫出来想单独解决，但是B同学转身就走到休息椅旁坐下对W老师的话不予理睬。当时W老师的火"腾"地一下就上来了，觉得他这是在同学们的面前公开向自己挑衅，觉得很没有面子，心想："一会儿我饶不了你。"这时另一名打架的同学忙说："老师，您别生气，我们是闹着玩的，我们不打了，让我们再玩会儿吧。"于是，W老师又重新组织其他同学继续进行比赛，同时脑子里也不断地想着刚才所发生的一切，心想：小B喜欢玩篮球，如果我把他叫出来解决，一定剩不下多少时间玩了，揣摩出他的心思，W老师的火也小了许多。过了十几分钟，W老师也来到休息椅前在小B的身旁坐下，并没有和他说话，眼睛始终观看着比赛，还时不时地指导场上的情况。但W老师能感觉到小B始终是低着头的，有些不好意思的感觉。这时W老师就用根本没发生任何事似的语气说："看××同学，怎么老失误呀，快上场帮他一下。"边说边拍了他一下肩，表示让他上场。他抬起头用疑惑的眼神看着 W 老师，W 老师向他点了点头。"是，保证完成任务！"看着他又高兴地飞奔在赛场上，W 老师知道师生之间的矛盾已经化解了，他下课后一定会来找自己。果然下课后，小 B 主动来到 W 老师的面前小声说："老师，我刚才错了，对不起！以后我再也不这样了！"W 老师微笑着说："好，老师相信你！"认识到了错误的小 B 同学重新抬起了头，得到了老师的谅解，他又安心地快乐地回到了操场上。

（2）协调学生之间的关系。

班主任在班级管理中，承担着协调学生之间关系的任务。这其中包括三个方面：

第一，协调学生个体与个体之间的关系。

所谓"三人行，必有我师焉"，同伴是学龄期学生的"关键影响人"，良好的同伴关系将有利于促进学生素质的发展。为此，在班级中，班主任承担着协调好学生个体之间关系的任务，包括指导学生相互尊重、相互理解、相互关心、相互帮忙，让学生在认识自我、关心自己的同时，理解他人，关心他人，从而建立良好的同伴关系。

第二，协调学生中正式组织与非正式组织之间的关系。

在一个班级中，正式组织是指因为工作需要而产生的组织，包括班级委员会、班级团支部等，这些组织内有职责权的分配，其领袖人物是由学校或班主任任命或同学选举产生的。学生中的非正式组织是相对于团支部、班委会等正式学生团体组织而言，指那些由于座位邻近、兴趣爱好相投相近、品格上彼此欣赏等诸种因素而自然形成的在学生中有一定影响的小"集团"。非正式组织是以共同的心理需要为基础，以相互间的感情为纽带，为满足共同的需求而产生的结合体。这些组织中的领导主要是由成员主动推举的，威信高，影响力大。这些小团体的存在和发展方向，对于班集体的影响相当大。

这两个组织如果目标一致，就会对班级建设产生正面影响；如果不一致，则会产生消极作用，甚至是破坏性力量。因此班主任承担着协调这两个组织之间的关系的任务，借助于深入调查研究，掌握情况，区别对待，因势利导，给予两个组织一定的引导和扶持，增强班集体的向心力，使班级管理更有成效。同时，对非正式组织产生的消极影响，班主任应借助于群体疏导或领导角色转换等手段，使之转化为积极影响，并与班集体的发展统合起来。实践证明，正确引导学生中的非正式小团体，是做好学生思想工作的一条捷径。

第三，协调班干部与学生之间的关系。

于班级管理而言，班干部和普通学生之间的关系相当重要，甚至可以影响到班风。为此，班主任承担着协调二者之间关系的作用。班主任的协调工作做得好，则班干部的工作开展就顺利得多，班级的凝聚力就强。

（3）协调班主任与科任教师之间的关系。

协调各方面的力量共同做好教育工作，是班主任工作的一项重要任务。和科任老师沟通，处理好与科任老师之间的关系，协助科任老师做好工作也是班主任工作职责的一部分。同时，科任教师关心和参与班级建设，并与班主任密切配合，协调一致，对于班集体的形成、巩固和发展也有着十分重要的作用。

事实上，班级工作的成效，不是班主任孤军奋战所能左右的，它需要科任教师的积极参与，通力合作。从工作角度看，科任教师是班主任的同事；从教育角度看，班主任和科任教师是"同一战壕里的战友"。只有拥有共同的目标，心往一处想，劲往一处使，才能形成合力，正常开展各项班务工作。可以说，在教学实践的每个环节上，科任教师作为教育的实施者，必然要与班主任一起担负起教书和育人的双重任务。如果班主任与科任教师之间缺乏沟通，就会存在隔阂，甚至产生对立情绪，双方必然产生排斥心理。如果双方将这种紧张、消极情绪带到班级工作或所教课程上，其严重后果不言而喻。因此班主任只靠个人的力量来完成对学生的全部教育任务是不可能的。

在实际生活中一些科任教师往往存在误区，缺乏参与意识，只重教学，认为学生纪律和思想问题应该由班主任和学校领导负责，与自己无关。因此班主任就要积极主动地与科任教师沟通，与科任教师经常保持联系，营造一种心心相印的氛围，从而协调与科任教师之间的关系，将本班所有科任教师团结在自己周围，使彼此内心相容，凝聚成一个坚强有力的教师集体，情绪愉悦地投入到工作中去，同心协力地对学生进行有效的教育，共同促进学生身心的全面发展。

(4) 协调科任教师与学生之间的关系。

同班主任一样，科任教师也担负着既教书又育人的重任，因此，科任教师与学生的关系也必须是和谐的、亲密的，这样才能达到教书育人的目的。但是，科任教师又毕竟不同于班主任，不如班主任与学生那样朝夕相处，接触频繁，所以，一般情况下，也不如班主任与学生那样关系密切。为此，班主任承担着每个科任教师都与学生建立起良好的师生关系的任务，为学生与科任教师之间架起桥梁，不使学生对科任教师产生感情上的隔阂，使他们在学生的心目中树立起可亲可敬的形象，从而缩短师生感情上的距离，直到关系融洽。只有这样，才能使学生对每门功课的学习都保持应有的热情，不至于出现偏废现象。

案例

一次，教数学的 A 老师气冲冲地对班主任 B 老师说："你们班的小 Z 真过分，今天他竟然要求我把明天的单元测评取消了！我只不过批评了他，他又摔笔又合书的，在座位上趴了一节课。"A 老师的脸气得通红："我辛苦印的卷子不值得他去做吗？"B 老师心里想，小 Z 是一个老实的孩子啊！今天是怎么回事啊？B 老师把小 Z 叫到了办公室，一看 A 老师在，他倔强地扭着脸，一句话也不说，B 老师悄悄拉拉 A 老师的胳膊，说："A 老师，你辛苦了，到隔壁休息室喝杯水吧！"

A 老师走后，小 Z 低着头，站在那里还是不说话。B 老师去倒了两杯水，递给他一杯，"坐下吧，喝杯水，润润嗓子，和老师谈谈这件事的前因后果。"小 Z 觉得很意外，表情明显不自然，还是顺从地接过水杯坐下说："老师，对不起，我只不过是觉得这段时间学习任务太紧，没时间复习，怕考得不好。"B 老师说："那你和 A 老师说清楚啊！你想，他的目的不还是希望你们对本章内容加强巩固吗？"他说："A 老师也有不对，他不分青红皂白就批评我，我觉得委屈，所以索性趴在座位上了。""如果把 A 老师换作是我，你会这样做吗？""当然不会，您一贯尊重我们，鼓励我们表达自己的真实想法，实现师生心灵间的零距离沟通，即使您批评我，肯定有您的道理，我会等到下课后再和您讲理，课堂上不会采取这种极端行为。"后来经过 B 老师的耐心开导，小 Z 向 A 老师认了错误。

(5) 协调与家长的关系。

家庭教育是学校教育的基础，学校教育是家庭教育的补充。班主任作为学校教育活动的直接承担者，是学校落实班级工作的执行者，在开启学生的心智、塑造学生的心灵、陶冶学生的情操方面，起着十分重要的作用。家长是学生的第一任老师，家长对学生的管理水平和教育方法，直接影响着学校对学生的教育教学效果，家长对学校、教师的态度和评价，又直接影响到学生对学校、对教师的态度和感情，影响学校整体的形象。但由于教育过程的复杂性、学生个性的差异性、教育观念时代变迁性、教育方法和手段的多样性，班主任与家长在教育上难免产生分歧和矛盾。因此，班主任工作与家长关系的协调对学生教育发挥着重要作用。

(6) 协调学生与家长之间的关系。

同学之间难免发生矛盾、摩擦，动起手、打起架来皮破擦伤的现象也偶有出现，这样的话势必要牵动家长，而家长之间由于心疼各自的孩子吹胡子瞪眼的情况也不可避免，这个时候双方之间关系的协调就要由班主任来承担。如此一来，家长之间才能将矛盾化"大"为"小"、化"小"为"无"，使学生之间共建"同学友谊""同窗之情"，进而创设出学生之间互助友爱、和谐共处，营造团结互助的良好氛围。

(7) 协调学生与社会的关系。

作为开放系统的学校，其教育不可避免地受到日新月异的社会变化的影响。于是班主任就承担着与学生和社会之间的关系的协调作用，要积极地开发和利用社会中蕴藏着的丰富教育资源，从而为教育学生提供机会。比如与社会机构建立联系，为学生参观、学习、劳动提供条件；根据本班的具体情况和特殊教育要求聘请一些关心学生成长、拥有一定特殊经历、特殊技能并有一定教育经验的人员担任校外辅导员，对学生进行教育和辅导等。

(8) 协调班级与学校各团体的关系。

一个学校中总会有一些学生社团，这些社团是学生们参与学生管理、自我锻炼、自我提高的必不可少的平台。这些学生社团之间彼此牵制，互相配合，为学生服务，又参与学生管理，与各个班级都有较为密切的联系，班主任需协调好班级与这些学生社团的关系，真正利用好学生社团，使学生从中学到知识，真正对自己有帮助、有提高，真正促进班级的和谐发展。

（9）协调班级与学校、与领导的关系。

班级是学校工作的有机组成部分，班主任是学校领导进行各项教育工作的得力助手。因此，班主任协调好与学校领导的关系，不仅有利于学校教育工作的顺利开展，还有利于班级的工作得到领导的支持和关心。如果班主任工作能够得到领导的支持、理解和鼓励，就会使班主任更全身心地投入，从而促进班级教育管理工作的顺利进行；反之，如果班主任与学校领导之间关系处理得不好或发生矛盾冲突，往往会影响班主任的情绪。使之陷入烦恼，降低其工作热情，直接影响他们的工作。

二、运用工作协调艺术的方法

工作协调能力，是班主任最重要的工作技巧，也是班主任工作的一把金钥匙。班主任只有做好了与学生、与家长、与领导和同事间的各种沟通工作，方能确保教育和管理的顺利进行，才能收到事半功倍的效果。那么，班主任协调各方面的关系时，要如何运用工作协调艺术呢？

1. 领导问题，平等尊重

班级作为学校中的一个重要子系统，它的生存与发展都受到学校这个大环境的监控，它不能脱离学校的教育目标、规章制度、组织文化等因素的影响而独立存在。班主任作为学校对学生进行教育、教学、管理的得力助手和中流砥柱，在协调与学校领导的关系时，不但要深刻领会学校的教育目标、发展战略并将其作为制定班级目标、工作计划的依据，从而使班级在大的方向上与学校是协调一致的，同时还主动支持校领导的工作，积极执行学校的规章制度，努力完成学校领导布置的各项任务，主动及时地向学校领导汇报自己的工作，反映班级及学生的情况，邀请学校领导参加班级活动，深入了解班级情况，并就存在的问题与领导进行商议，自觉地将本班的工作置于学校领导的监督之下，争取学校领导的指导和帮助。如此一来，才能做到"上情下达"和"下情上达"，与学校领导构筑畅通的沟通渠道和良好的沟通秩序。具体来说，班主任应该掌握以下协调艺术：

(1) 明确目的，端正动机。

班主任在协调与校领导的关系时，首先要明确工作协调的目的是出于管理好班级，而不要从个人的目的或者私利出发去搞关系；要一视同仁地对待所有领导和各级领导部门，而不是根据权力的大小，看人下菜碟，更不能为了讨好某个领导或者某些部门，随意议论或贬低其他领导或同事。

(2) 树立尊重和服从意识。

下级服从上级是基本的组织原则，班主任要认真理解和执行领导的意图，若领导的意见是正确的，就结合班级实际执行；若对领导下达的意见有不同看法，可以与领导及时交换意见，以达成共识，切忌散布不负责任的言论。领导有困难或者工作有失误时，不拆台、不看笑话，要主动排忧解难，帮助化解矛盾。

(3) 遵守规则，减少麻烦。

班主任工作要按照领导分管系统向分管领导请示汇报，一般不要越级请示或者汇报工作，以避免造成不必要的误会和麻烦。

(4) 角色互换，相互理解。

班主任和学校领导都在各自不同的岗位上承担不同的社会角色，由于角色地位的不同，角色任务、角色责任也不尽相同，学校领导更多的是站在学校全局的角度来筹划、部署工作，而涉及某个班级的具体的教育管理就不可能面面俱到；而班主任面对的是一个班级，考虑问题总是从本班工作的实际需要出发，而往往学校全局的情况缺乏了解和掌握。因此，两种角色考虑问题的角度就会有所不同，由此产生矛盾或者冲突。比如：差异学生的分班搭配、各任课教师的安排、学校卫生包干区的划分、学校各种活动的评比等，均会涉及班级的局部利益，可能会出现某些不合理性，也有可能让有的班级在某些方面发扬风格，做些必要的让步。这对班级来说，可能是"吃亏"或"不合理"的。但是，如果站在领导的角度来看，这样做是"合理的""必须的"。何况，合理本身就是相对的。这就需要班主任有全局意识，要能够设身处地、将心比心，以"角色换位"来考虑问题，这样就不会产生心理不平衡、抱怨乃至情绪低落而影响工作。相反，班主任要以热情的态度、宽广的胸怀理解和支持领导作出的决定，并想方设法把班级的工作做好。

2. 师生问题，巧妙解决

班主任管理和教育学生时，无论是老师和学生之间，还是学生与学生之间，在共同的教育生活中难免出现这种或那样的矛盾，对待和处理这些矛盾就要讲究工作协调的艺术。

（1）班主任与学生矛盾的协调。

首先，要注意保持冷静。当班主任与学生发生矛盾时，特别是双方矛盾较为激烈且情绪激动时，班主任应该引开话题，转移目标，或要求学生做别的事情，或班主任暂时回避，留给学生也留给自己一个分析思考的时间和空间。待找到解决问题的途径后，再在适当的时间和场合下，对学生耐心进行说服教育。

其次，态度要宽容。班主任是学生的长辈，是师长，要懂得青少年情绪波动大，自我控制和自我约束能力较差。因此，对待学生要多加关心和体谅，充满爱心，把学生当成自己的孩子，尽量宽容不苛刻，对每一个学生做到一视同仁，办事公正，既不偏爱也不护短。表扬学生要大张旗鼓，让学生精神上得到满足，弘扬正气；批评学生点到为止。即使学生伤害了自己的自尊心，也不必耿耿于怀，更不能打击报复。当学生认识错误，要求宽松处理时，应给予学生改正错误的机会，只要不是原则问题，对学生都应该宽容对待。实践证明，教师宽待学生，是学生进步的开端，因为教育成功的秘诀是爱，只有拥有爱心，才会有对学生的同情心，有了同情心，才会宽容学生。

最后，处理矛盾要适度。对于犯错误的学生，要严肃批评教育，决不能放任自流。但是这种批评教育，必须把握分寸，并且适度。要本着爱护学生，而不是整学生或伤害学生的原则。班主任要对事不对人，言辞得当，充分考虑学生的心理承受力，切忌对学生冷嘲热讽，进行人身攻击。

（2）班主任与科任教师之间的矛盾处理。

班主任与科任教师之间的矛盾主要表现在，科任教师不配合班主任工作，只教书不育人，或者教书不认真，影响本班成绩；班主任挤占科任教师的时间，或不尊重科任教师，在学生面前说一些有损科任教师的话。一个班级是一个有机整体，只有班主任和科任教师形成合力，团结协作，齐抓共管，才能把班级工作搞好。而处理好班主任与科任教师的矛盾是前提。作为班主任，要掌握带班艺术，主动与科任教师交流，把每一个学生的情况向科任教师汇报，争取科任教师的合作。班级开展的活动，应尽量请科任教师参加，这也是与他们沟通的有效途径。同时，班主任不仅自己尊重科任教师，而且要教育全班学生尊敬科任教师。只有这样，才能团结一心，共同把班级工作搞好。

为此，班主任要注意从以下几方面入手，协调与科任教师的关系：

第一，帮助科任教师了解学生。班主任因其工作关系，往往对学生比较了解，对学生的各方面情况，诸如学习、生活、性格、家庭都掌握了一定的资料，能做到心中有数。而科任教师因为与学生接触少，一般不了解学生，甚至连名字都叫不上来。因此，要取得科任教师的配合，班主任就要尽量帮助科任教师了解学生，创造条件让科任教师接触班级事务，接触学生。班主任尤其应向科任教师说明班级某些特殊学生的情况，如单亲家庭的学生、性格怪异的学生、潜力较大的学生等。班主任可通过各种渠道，借助各种机会让科任教师了解学生、了解班级，使科任教师有可能，也愿意协助班主任搞好班级工作。

第二，向科任教师传达班级管理思路和发展方向。班主任应通过主题班会、班干部会议等形式酝酿班级管理的基本思路，如班训、班规、班级奋斗目标等。班主任应认真整理，并交科任教师讨论，最终定稿后在科任教师会上传答。这样更有利于科任教师有清晰的思路配合班级管理。

第三，向科任教师恰当反映、慎重转达学生的意见。每位科任教师的教学工作有长，自然也有短。这一点，学生的感觉是灵敏的，他们会及时而又毫无保留地反映到班主任处。作为中枢站站长的班主任，如果不及时转达学生的意见，不仅存在的问题得不到迅速解决，也不利于科任教师改进教学方法提高教学水平。但如果转达时的场合不恰当、言语不委婉，不仅达不到预期的目的，还会影响科任教师的工作情绪，影响师生关系。班主任应选择合适的场合，采用恰当的方式将学生的信息反馈给科任教师。

第四，多倾听科任教师对班级的建议，并可为科任教师分配适当的任务。班主任应该及时主动地征求科任教师对班级工作的意见和建议，并尽可能采纳实施，使科任教师感到他们的意见能受到尊重。如某些科目的课堂纪律差，班主任要及时向科任教师了解具体情况，发现问题，及时处理；班委的决定和班级要进行的重大活动都应该事先听取科任教师的意见，采纳科任教师的建议，争取科任教师参加；其他如评选"三好学生""优秀学生干部"或期末学生鉴定等工作都可征求科任教师的意见。班主任还可根据班级情况给科任教师安排适当的任务。如有时班主任感觉很棘手的问题请科任教师出面反而更见效，有些学困生和心理不健全的学生分给科任教师教育，既能减轻班主任工作的负担，又能提高科任教师参与班级管理的热情，同时也能增进师生之间的感情。

第五，妥善地处理科任教师和学生之间的纠纷。学生和科任教师之间有时可能会发生冲突和误解，学生不易用接受科任教师的教育。这时班主任应细致了解情况，并根据事实作出客观公正的处理。要达到使科任教师满意，当事学生心悦诚服，全班同学信服。不能听了科任教师汇报后，就不分青红皂白地找当事的学生或在班上公开训斥，那样做问题不仅得不到解决，反而会使学生误认为，一定是科任教师向班主任"告了状"，因而产生逆反心理，达不到应有的教育效果。对学生的处理方法应征得科任教师的理解，还应做好学生的善后工作。

案例

杜老师班的科任教师小胡刚毕业两年，正是处在工作蜜月期的老师，加之对教育工作的热爱，对学生的责任感令人佩服不已。早上最早到的是她，晚上最晚走的也是她。

一次运动会上，学生小明把腿摔伤了，结果胡老师这个1.6米、100斤的女老师硬是把一个1.7米、100多斤的男孩子背上了出租车送去了医院。小明家里情况比较特殊，经常吃不上早饭，胡老师就经常把自己的早饭给小明吃。这样的事数不胜数。胡老师把小明的点滴进步都当成高兴的事。除了小明，胡老师对其他学生也是同样充满热情，每次谈论学生那眉飞色舞的表情总是把周围的同事感染，同在一个办公室的老师都深深地被她感动着。

然而有一天，胡老师却因为学生小明的做法伤了心。那天课堂上，师生之间发生了冲突，在争吵了一会儿之后，胡老师气得蹲在地上，用双手捂住脸，哭了起来。倔强的学生小明则一脸怒气，呼呼地喘着大气，不能平息。恰逢杜老师外出开会不在，于是德育主任闻声而至，将小明的爸爸请了过来。小明的爸爸看儿子如此的行为非常生气，又和小明吵了起来，最终带着孩子气冲冲地离开了。

杜老师回来后，首先向胡老师了解情况，胡老师说自己正在正常讲课，小明就开始连说带动，自己正常进行管理，结果小明出口不逊。杜老师找小明谈话，小明一言不发。看到胡老师受到了严重的打击，工作的热情和积极性大打折扣，脸上的笑容也越来越少。于是，杜老师在学生小明的情绪平息一段时间后，找到他，和他谈心。经过几次沟通，小明终于说出了那件事的原因。

原来，小明很小的时候，母亲就去世了，和父亲相依为命。那天上课，正好讲到了母爱，同学们的发言让小明无法自已，想念自己的母亲，慨叹自己的身世，于是上演了那一幕。两个月后，小胡老师收到了小明的一封信，这封迟到的信再次让胡老师掩面哭泣，而这次，不是生气的泪水，而是很多很多……

3. 家校关系，尊重沟通

班主任是连接、协调家校关系的纽带，同家长的交往是班主任工作中不能轻视的问题。班主任只有正确处理好与家长的关系，同家长架起一座沟通的桥梁，才能赢得家长的尊重、理解和合作。那么，班主任与家长的协调工作可以采用哪些方法呢？

（1）给予尊重，不揭短。

教师与家长沟通的过程中，由于班主任老师与学生家长对德育工作的认识不同，对学生的要求也不同，教育的方法也不同，于是不可避免地会产生冲突，甚至在面对后进生的时候，教师与家长间易互相埋怨，一方怨老师不会教，一方怨家长不会养。这样，导致双方产生对立情绪。为此，班主任要发挥工作协调的艺术，尊重家长，不埋怨，方能建立良好的关系。这其中尤其要注意的是在与家长交流时，要具体分析问题产生的原因及其解决办法，防止只"揭短""告状"的现象。

案例

W老师班有一名男生，学习成绩差，学习习惯也不好。父母很少管孩子的学习，一般是由爷爷辅导。孩子读四年级了，爷爷也辅导不了，成绩更糟糕了。W

老师想：孩子的学习总是指望爷爷不是长远之计，于是 W 老师请来家长，但没有当面埋怨家长，而是诚恳地对家长说："你儿子近来成绩下降，可能是你工作太忙，对孩子关心不够。我想你应该多抽些时间陪陪儿子，我们共同把孩子的学习搞上去。"这时，家长真正感受到老师是在尽心尽责地关心他的孩子，主动承认是自己忽视了孩子学习的重要性，并表示今后一定多关心孩子的学习。事后，他还经常在家校联系本上与老师沟通，了解他孩子的学习情况，这名学生学习习惯好多了，成绩也逐步提高了。

(2) 避免伤害，多肯定。

班主任往往对喜欢的学生大力表扬，而对一些不称心的学生指责有加，在家长面前大力批评，好事没一份，坏事份份有。这样，导致家长感情受到了伤害，迁怒于孩子。结果造成学生家长怕见老师，于是影响了家校的联系。因此，在与家长的交往中，应客观对待学生的错误，以商量的口气与家长共商教育方法，这样家长也欣然接受，也愿意和班主任沟通。

(3) 虚心听取，善学习。

家长与孩子朝夕相处，对自己孩子的性格特点、兴趣爱好了如指掌，能较真实全面地反映学生在家里的情况，同时，学生也喜欢毫无保留地向家长反馈学校、老师、同学和班级情况。因此，许多家长对孩子的班主任、科任教师的调配以及教师的教育教学水平等总想问个究竟，观察自己的孩子及其他孩子的学习表现，常常比老师还要深入、细致、具体，从而相应地对学校教育做出一些评价，有时甚至是一些尖锐的批评或与事实有出入的。这时就要求班主任要虚心听取，不与家长争吵、争辩。

当然，班主任在虚心听取家长的意见和建议时要具有判断能力和心理承受力。家长在提出意见和建议时，难免有点偏袒，这时班主任要有较强的判别能力，冷静分析是非；同时，在心理上，班主任对家长的意见（有时甚至是尖锐的批评）要有宽广的胸怀、较好的素质，摒弃自己是"专业教育者""我懂你不懂"的一些想法，虔诚而耐心地倾听家长对学校教育教学的意见和建议。只有这样，以情动人，才能取得家长的信任，达到同家长互相交流科学地教育学生的方式方法的目的。

(4) 遵循统一性原则。

班主任在耐心听取家长意见的同时，应做出合情合理的解释，便于与家长形成共识。现在普遍家庭子女少，父母一方面希望孩子长大做有用之才，一方面又过于溺爱。许多家长又缺乏教育常识，不能很好地抓住孩子的心理特征进行教育。班主任在与家长交往中，要适当地针对学生的实际为家长提出一些相应的教育方法，而不是简单的"蛋糕""棍棒"教育。使家长能出色完成"为人父母"和"为人之师"的双重任务，真真正正地当好孩子的"第一位老师"，同学校一起把学生培养成身心全面健康发展的人才。

案例

肖老师班里有位小男生，个子小小的，长得挺可爱，也挺机灵。爸爸、妈妈都是知识分子，所以孩子的课外知识比较丰富，但是这孩子不喜欢参加班上开展的活动。其实凭这孩子实力是很有能力完成这些活动的。在一次家访时，肖老师针对这一情况委婉地和孩子的爸爸说起："孩子不参加班集体的活动，他说是你们不要他参加。"孩子的爸爸说："每次让参加，他总说无所谓，我想孩子小，让他多玩玩。"肖老师说："孩子不愿参加是因为他怕苦，我们应该激励他，培养他的兴趣，锻炼他的能力，让他也有竞争意识，让他在活动中去体会过程的快乐。"此后，这个学生只要有活动就参加，手工比赛、办手抄报、运动会……最有意思的是：年级综合展板搞了一期纸鞋比赛，这名男生的作品被选上了，可是只贴了两天，被别人拿走了，这名男生哭得可伤心了，看来他挺珍惜自己的劳动成果。自从这名男生积极参加班集体活动后，学习兴趣也大大提高了，家长也是喜上眉梢。

4. 生生关系，施用妙计

协调学生与学生之间的关系，是班主任的日常工作中最消耗精力的内容之一。学生之间的有些矛盾很简单，三言两语便可解决，而有些矛盾往往纠缠不清，一时半会儿理不出头绪。因此，这就需要班主任掌握工作协调艺术，施用妙计解决问题。

（1）拖延处理法。

俗话说"欲速则不达"。当学生之间的矛盾正在进行、冲突双方情绪激动或矛盾比较复杂时，班主任在处理矛盾时，为了避免被当事人带入情绪中，应使自己在听到学生为自己辩护的不恰当的言辞时保持应有的冷静，最好先将问题暂停下来，待时机成熟后再作处理，这就是拖延处理法。

案例

某天，在一节体育课上课之前，学生们在操场上打篮球，其间学生小 A 和小 C 产生了矛盾，动手打了起来。同学们慌忙汇报给马老师，马老师把两人请到了办公室，看着他俩怒气冲冲的样子，马老师知道现在处理问题还不是时候，于是马老师就带着歉意对他俩说："很对不起两位同学，我现在手头有很紧急的事情要马上处理，你们俩等我一会儿好吗？"他俩同意了，向对方怒目而视之后便各自将脸转过去，不看对方。马老师也不去理会，继续忙自己手头的工作。

一会儿上课铃响了，马老师注意到小 A 和小 C 先是精神一振，但随即又垂头丧气。因为这节是体育课，他们很是珍惜。时间一分一秒地过去，他俩通过窗户密切关注着操场上同学们的动向，脸上的怒气也渐渐退去，然后好像看到了什么有意思的事儿，想要交流，但是又苦于刚刚发生的矛盾，想说的话又憋回肚子。又等了一会儿，小 A 实在憋不住了，对马老师说："老师，先处理我们两个的事情吧！"另一个也随声附和，"先处理我们的事儿吧！"马老师知道他们是急于去上体育课，故意说道："实在对不起，老师手头的这件事太急，学校着急要。你们的事情又很复杂，一时半会儿解决不了，还是再等等吧！等我忙完了再说。"说完马老师又继续工作。

此时，他俩刚进来时的愤怒情绪现在已经完全消失，取而代之的是急不可耐的情绪。马老师发现他俩开始小声说话，一开始还有小的争吵，但是几个回合之后，他俩都平静下来，用了平静的语调交流。然后小 A 又说话了："老师，我们和解了。刚才是我们错了，我们不该动手打架。""啊？你们和解了？你看，我还没弄明白怎么回事，这件事还不能处理。再等等吧，我一会儿就好。""老师，我们俩都和解了，没事了。""你们自己处理好了？""对呀！我们已经处理好了。"

您看，我给他道歉：小C，对不起，刚才是我不好，是我一时冲动，我不该推你。请原谅！"小C也赶紧说："是我不好，我也有错，我不该动手打你。对不起！对不起！"马老师赶紧说："哎哟，两个孩子这么棒呀，居然能够自己解决这么大的矛盾，又成长许多。但是你们想过今后如何避免类似的矛盾吗？对班级造成的不良影响怎么处理？想一想，告诉我。"他俩又讨论了一会儿，然后仔细地向马老师分析了这次矛盾产生的原因，两人如何做才能避免类似事件，并表示：因为这次打架的恶劣影响，所以要在班级公开向同学们道歉。鉴于他俩态度较好，通过交流已经圆满地解决了问题，而且又从中获得了成长，所以马老师就让他们去上体育课吧。看着他俩高高兴兴地离开，马老师欣慰地笑了。

当然了，运用这种拖延处理法，要求班主任遇事要冷静，先稳住事态，防止矛盾进一步激化，待当事人情绪平静下来，再进行妥善处理。当然，在具体解决问题的过程中，"火候"的把握、随机应变的处理都是十分关键的。

（2）巧妙借力法。

案例

在司徒老师担任班主任的八年级（16）班，有一个男同学小A，父母离异，随母亲生活。因为缺少父爱，所以该生的性格显得有点孤僻，平时跟同学相处，容易冲动，时常会有小冲突。每次事情发生以后，也能接受老师的教育，但时间不长，又会老毛病重犯，而且自己对此还满不在乎。他在班级的人缘也越来越差，同学大多疏远他，这又加剧了他与同学的心理隔阂，形成恶性循环。一天，小A又因琐事与一同学小B发生冲突，当他们到司徒老师面前时，小A的一句话引起了司徒老师的注意，他说："全班这么多人，我还在乎你这一个人啊！"是啊，说明他还是在乎大家的啊！于是，司徒老师改变了以往疾风暴雨式的训斥，把小A拉到自己的身边，问他："你能说出我们班跟小B最要好的同学吗？"他先是一愣，想了想说："小C。"司徒老师说："再想想，还有比较要好的吗？""小D、小E……"他好不容易说了5个。司徒老师说："好了，小B有5个要好的朋友，你不在乎他一个人，难道你不在乎他们5个人吗？你和小B冲突，你想过他的好朋友们会怎么想你吗？"听到这里，小A愣住了。司徒老师又问："这学期你和班级几个同学发生过矛盾了?"小A一算,有六七位。司徒老师说:"那你知道7乘5是什么概念吗?你难道不在乎这么多同学的感受吗?"这一次,小A先是瞪大了眼睛,然后就低下了头。从那天起,小A表现一直很好,对同学比以前和善多了,不再容易冲动了,与同学的关系大大改善了。

这个案例上,司徒老师其实就是借助了学生中的非正式小团体的积极力量,从而实现了借力打力的效果。事实上,在处理学生与学生之间的矛盾,在遇到涉及原则性的、紧迫的问题时,班主任的态度一定要鲜明,措施一定要果断。然而在日常工作中,班主任处理的多是一些清官也难断的"小事",其目的是化解矛盾。因此,班主任不妨用巧妙借力法,即借助学生自己的能力化解他们之间的矛盾。

案例

某天,唐老师班小W和小Z因为打扫卫生的问题打了起来,几乎到了要动手的程度,于是唐老师找他俩处理此事。

首先唐老师心平气和地说:"听说你们俩打起来了,说说原因吧,我要求一方说的时候,另一方必须安静地听,不许插嘴;等一方说完,另一方再说,而且双方可以反复补充,直到对这件事的始末达成一致为止。"

小W要求先说,小Z表示同意。此时的小W已经认识到了自己的错误,情绪比较平静。但他在描述事件的过程中,却不时地被小Z打断。唐老师的作用仅限于维持规则——一人在讲述时,另一人必须保持安静。所以,唐老师不断地制止小Z的这种行为,但小Z在小W描述的过程中已经极度气愤。终于小W讲完了,轮到小Z讲了,小Z张嘴就大吼大叫,倾泻内心的愤怒。此时,唐老师及时而且依然平静地说:"小Z同学,请等一下,你现在太激动,不利于解决问题,请你稍微调整一下你的情绪,等5分钟,做一下深呼吸,等情绪平静下来我们再谈好吗?"几分钟之后,唐老师再让他说,可是,他还是那么激动,于是又停下来。这么反复几次之后,小Z终于能用正常的语气来表述今天的事情。

经过他俩反复几次的互相补充,唐老师在其中不温不火的几句提问,最终他俩对此次事件达成了共识,然后笑着互相道歉,此事就此解决。但是唐老师又向他们提出问题:"如果今天你们在打架之前采取恰当的方法,是否可以避免这次矛盾？"同时提出：因为他们的行为破坏了班集体的荣誉，所以他们必须向全体同学道歉，他们欣然接受并向全体同学道了歉。此事圆满解决。

在处理这个问题时，唐老师没有仔细询问每一个细节，而是让矛盾双方各自叙述，互相补充，帮助他们通过倾诉和倾听来理清事情的始末，从而冷静客观地看待自己所做的事情。在这个过程中，唐老师所做的只是用平静、理智的心态为他们提供一个可以理智思考的氛围，以不偏不倚的态度稍做引领，借助他们自己的判断使问题圆满解决。

（3）分置谈话法。

所谓分置谈话法，是指当学生发生冲突时，为了弄清楚事情的真相，班主任要将两个学生分置，然后针对学生的特点谈话，从而了解问题，做好思想工作，解决问题。

案例

小段和小马两位同学在体育课上打了起来，德育处进行了严厉的批评之后，给班级扣了分。班主任李老师把他们从德育处领了回来。接下来，李老师将两个孩子分置，分别与之谈话。

对小段说："你不是一个爱打架的孩子，我想此次打架事件一定事出有因，现在这里没有别人，能和我说说真正的原因是什么吗？"

对小马说："你是一个明事理的孩子，我想打架肯定不是你的本意，现在这里没有别人，能和我说说为什么和同学们打起来的吗？"

最终，在李老师分别与两个学生倾心交谈之后，水落石出。原来小段是班级的体委，那天李老师有事没在学校，小马上体育课的时候就随便了起来，站队不听从指挥，随便说话。小段对他进行管理，小马反问道："班主任又不在，你凭什么多管闲事？"小段一听，火气冲天，于是动起了手，打了小马一顿。小段动手在先，所以觉得自己理亏，为班级丢了分，非常自责。小马则觉得自己被打，理直气壮。弄清真相以后，李老师表扬了小段的集体荣誉感，引导了小段正确处理同学间矛盾的方法，小段觉得这件事他的确有错，主动提出向小马道歉。李老师引导小马分析事情真正的起因，对他对集体不负责任的行为进行了批评，在小段向小马道歉之后，小马又主动找小段道了歉，问题圆满解决。

上述案例中，面对学生与学生之间的冲突，李老师采用了分置谈话的方式，不但了解了事情的真相，而且对症下药，对不同的学生采用了不同的沟通方式，并在获得真相后，有针对性地对他们进行教育，既保护了学生的自尊心，也解决了问题。这就是一种工作协调艺术。

三、运用工作协调艺术的注意事项

班主任作为一个班级的灵魂，在协调各方的关系中，其教育智慧相当重要。而在施行智慧的方法发挥工作协调艺术时，还要注意以下几点：

1. 师师协调，坚持服务、包容与体谅

班主任在协调与科任教师的工作时，要注意与其保持经常性的联系。这是由班级管理的复杂性和多变性决定的。班主任要清楚地意识到，单凭一次科任教师联系就将问题一劳永逸地解决是不可能的，而经常与科任教师联系，可以帮助班主任更好地了解学生，也从侧面督促好科任教师，利于班级管理的既定目标落实。

（1）给科任教师参与班级活动的机会，密切师生关系。

班主任不妨邀请科任教师参加班级举行的各种活动，如主题班会、郊游、家长会、联欢会等；邀请科任教师一起到该科学习差的学生家里做家访，在学生家长来校了解学生情况时及时与有关科任教师联系，向他们提供了解学生家庭的机会；平时找违反纪律或不交作业的学生谈话时也可以邀请有关科任教师参加，共同进行，增加科任教师的威信。教师节，学生常常记住了班主任，而常常忽视了科任教师，这时，班主任就应该让班长代表全班同学向老师献词，同学代表宣读给任课教师的慰问信，向老师们赠送一些自己制作的小礼品。

（2）态度诚恳，坚持服务。

班主任在协调科任教师的工作时，要虚心诚恳地直面自己工作中的失误。因为科任教师最能体验到班级工作的优劣。为此，班主任要冷静地听取科任教师的提醒、建议甚至批评，千万不要用讽刺挖苦别人的方法来文过饰非，给自己开脱。同时，科任教师往往教得班级较多，辅导、检查很难做到及时，班主任要主

动分担一些，当然这些工作不一定非班主任亲自去做，可利用班干部、科代表，只要班主任参与，就会使学生的重视程度提高。班主任还应多给科任教师一些活动的时间。班主任应做到自己的学科在课内完成，不占用课下时间，将更多的时间留给科任教师。特别是在科任教师有病或有事时，主动安排好该学科的学习活动。遇到需调课时，应想办法满足科任教师的要求。

（3）树立威信，真诚坦白。

班主任在学生心目中往往是第一位的，为此班主任要利用自己的威信来树立科任教师的威信。比如班主任可以在和学生闲聊时及家长会上称赞科任教师的人品和能力，往往比在班会上的说教效果更好。若班主任总担心自己的威信会被科任教师超越，一旦有一天被学生觉察到班主任的自私，那么担心就成了现实。一个总欣赏别人的人，他会得到更多的人的欣赏。

一旦发现科任教师的一些不尽如人意之处，要清楚这是平常的事，要看到对方的优点，找适当的机会和恰当的方法，把问题摆到桌面上，诚心诚意，感动科任老师。如此一来，科任教师的积极性就会被调动起来。只要班主任把科任教师的积极性调动起来，就等于找到了管理和建设班集体的动力源。班主任切忌以向领导打小报告的形式解决问题。倘若班主任经常抱怨科任教师，甚至向领导打小报告，极有可能影响科任教师的工作热情。

（4）成为朋友，获得支持。

班主任应主动成为科任教师的知心朋友。班主任和科任教师的合作往往有几年的时间，其间交往的频率自然很高，极有可能在长期的合作中产生真挚的友谊。倘若班主任和科任教师之间能像朋友一样畅所欲言，直言不讳，做到心胸坦荡，推心置腹，何愁班级没有凝聚力？因此班主任应主动创造一些机会，让班主任和科任教师成为娱乐伙伴、知心聊友、工作战友。果真如此，班级管理将显得非常和谐。

2. 生生协调，勿简单粗暴

下述案例中，班主任在对待学生之间的矛盾时表现了十足的耐心和引导，而不是简单粗暴地呵斥。这是班主任协调生生关系的艺术的表现。

案例

课间，小 A 把报纸卷成了笔状，小 B 就拿着报纸敲了小 C 的头一下，想跟他玩一下，小 C 以为小 B 要打他，就抢了小 B 的语文书，跑出了教室，小 B 急了就去抢，两人发生了肢体冲突，小 C 把书扔到了楼下去。后来小 B 还是把书抢回去了，但书被扯破了，小 B 很难受，到学校食堂找班主任凌老师诉说了事情的经过。

回到课室，凌老师让他们俩把事情的经过说出来。小 C 先说，但过程比较粗略，说是忘了；小 B 补充的时候把每个细节都说得清清楚楚的，包括从哪个楼梯下楼去找老师。然后，凌老师再问小 C 有没有补充，小 C 强调了小 B 打了他，就没有补充了。小 B 说："我怎么跟他说他都不还我书，我怕以为我好欺负，就更不还了，所以才打他的。"

凌老师没有做出评判，只是让他们各自反思：在这个过程中哪个环节处理存在问题而引发了冲突。

小 B 说："如果提前跟小 C 说是跟他玩的，他就不会误会了。"小 C 同意地点头。

再问小 C 哪个地方处理出了问题，他说："不该抢小 B 的书，还威胁他。"

后来，小 C 给小 B 道了歉，小 B 说："没关系，希望你下次别这样了。"

小 C 说："知道了。"

小 B 说："老师，我想问小 C 一个问题。"

凌老师让他看着小 C 问。

小 B："小 C，你这段时间怎么啦？怎么这么躁动？"

这一问言辞恳切，态度真诚都把凌老师给打动了。

小 C："嗯，啊……"

小 B："以前你二年级都挺好的。这段时间，你欺负同学，有时我跟你开个玩笑，你就打我或者拿我铅笔盒。你这段时间到底怎么了？"

小 C："我也不知道。"

小 B："但你以前还是好好的，现在，我都不知道你怎么啦？"

小C想了想说:"我也想跟你一样跟他们玩。"

听到这里,凌老师真的很佩服小B竟然能让一个懵懵懂懂的朋友说出自己的心声。于是凌老师大大地表扬了小B对朋友的包容和对朋友的真诚帮助,又对小C说:"你真的很幸运,有小B这么好的朋友,没有一句抱怨,还处处留心你的表现,想尽力帮你找到问题的根源,让你和其他同学也搞好关系。"听完凌老师的话,小B又说:"其实小C也还有一个优点,很大方,美术课的时候还借彩笔给我用。"

最后凌老师跟他们说:"今天的冲突本是一件坏事,但你们一起把坏事变成好事了,因为你们从中了解了彼此的底线在哪里,也学会了用正确的方式表达自己的想法和需求,相信下次你们之间会相处得更好。"

事实上,每个学生都会犯错,学生之间发生矛盾是很正常的。班主任在协调学生之间的关系时,要付出爱心与耐心,不要简单粗暴:

(1) 不要找家长。

这是班主任最为普遍的工作方法,这是将自己应该解决的难题抛给家长的简单做法。这种做法,看似问题解决了,但是后患无穷。因为学生、家长对老师的这种做法最不认可。学生之间的矛盾本来就不是什么大事,但家长急急火火地到学校,再挨班主任一顿教育,可想而知,家长的怨恨、火气便会转嫁到学生身上,学生又会转嫁到班主任身上,甚至有的家长背后也会埋怨老师,这么点小事情让他请假耽误工作。长此以往,班主任、学生、家长之间的关系就不会和谐,而且会越来越紧张,发生冲突也就在所难免了。因此,一有矛盾就找家长,甚至让家长领回家再教育是班主任无能的表现。

(2) 不要借"力"打"力"。

所谓借力打力,就是指一些年轻的班主任为了加强班级的管理,在班内专门设了纪律班长,以对违反纪律的学生进行管教。这种做法的确无可厚非,但关键是班主任选择什么样的学生来做纪律班长。可事实上,大多数班主任选择的都是靠拳头、靠恃强凌弱来解决问题的学生。这些学生如果成为班主任的暴力助手,那么学生之间的矛盾不但没有解决,而且会越来越深,甚至助纣为虐,后患无穷。

（3）杜绝"民主"投票解决矛盾。

这也是现在班主任常用的一个错误方法。这种方法其实是用所谓的"民主"形式来掩盖不合理的解决方式，为自己的过失找理由，让学生承担自己的过失的不科学的方法。因为中学生还属于未成年人，他们的明辨是非能力还比较弱，还没有形成自己完全独立的思考意识，他们的投票大多数会朝着班主任指导的方向，因此，所谓的"民主投票"也就是"伪民主"了。用"伪民主"来解决矛盾，也只能形成更严重的矛盾。

（4）杜绝用体罚与变相体罚来解决矛盾。

关于教师以体罚的形式来解决学生之间的矛盾冲突的现象，并不少见。而这种体罚或变相体罚是国家法律明文禁止的。须知，通过体罚或变相体罚来解决矛盾不但不利于解决问题，而且会造成不良影响。这种解决问题的方法只是班主任的情绪发泄，对学生造成的身体和身心伤害，因此是坚决禁止的。

专题四

激励表扬艺术

苏霍姆林斯基说:"教育者的技巧就在于能够机智地、敏锐地看到孩子那种要求上进的心理,给予信任,加以适当的引导。"班主任在班级管理和教育学生的过程中,倘若讲究激励和表扬的艺术,善于变急风暴雨为和风细雨,变操之过急为循序渐进,变耳提面命为拨动心弦,变生硬说教为巧妙疏导……就会让教育产生不可思议的变化。

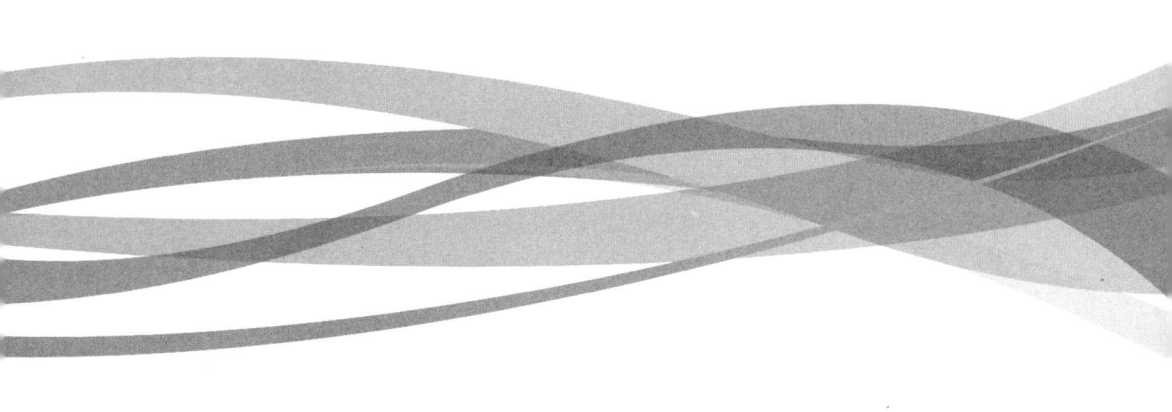

教育故事

魏书生的"找优点"

提到魏书生老师，人们不但记得他优秀的教育成果，更记得他那些极具智慧的教育艺术。其中，对学生的批评处罚的艺术性，让学生和家长久久难忘。

学生小张是一个违纪大王，从前教他的老师为他的屡教不改，真是伤透了脑筋，以至于提到他，就是一副"朽木不可雕"的无奈。魏老师接手小张所在班的班主任工作后，面对这样花样百出的"坏主儿"，一直思考着怎么教育他。

这天，魏老师故意在班里布置了一项家庭作业——找优点。第二天，学生们的作业都交上来了，魏老师想到小张这个"惯犯"必定不会交作业。结果一查，果不其然，独独少了小张的作业。于是魏老师将小张请到办公室，问："小张啊，你咋没交作业呢？"

小张一声不吭。魏老师说："怎么，忘记找了？"小张挠了挠头，说："老师，我没有优点。""怎么会没优点呢？我已经看出来你有好几个优点了。"魏老师笑着说。"老师，我真没有优点，全是缺点。"小张把头低了下去。魏老师摸了摸小张的头，说："那这样吧，你回去再找找，明天来告诉我！"第三天，小张如约来到了魏老师的办公室。他不好意思地对魏老师说："老师，我找到了，可只有一个——我心眼儿好。""心眼儿好，这是很大的优点啊。"魏老师高兴地说，"而且你不止心眼儿好，你能遵照老师的吩咐，回去认真找了，这不也是优点吗？而且你还特别诚实，有一说一，有二说二，这也是优点。还有……"魏老师连着帮小张找了好几个优点，小张的脸有点红，"我没有你说得有那么多优点。"听到这里，魏老师话锋一转，严肃地说："小张啊，你只有七八个优点，不像有些同学有几十个优点，他们随便丢掉一个优点没关系，可你丢不起啊。优点越少就越要珍惜，你说是不是？"小张懂事地点点头。从此之后，小张就像换了一个人一样。渐渐地，小张的优点越来越多，而他的学习成绩也一点点好起来。期末考试，小张门门功课都及格了。魏老师教的语文，他竟然考了80多分。

正所谓"数子十过，不如奖子一长"。魏老师因为深谙其中的真谛，于是对犯错大王小张，不是排斥，更不是训斥，而是用"放大镜"，帮助他们寻找自身的闪光点，进而放大这些闪光点，以激励唤起小张的自信，用自信促其成长。

一、激励表扬艺术的理解

教育就是温暖，温暖就是让学生感动，让学生感动最好的方法就是鼓励与表扬。每一位班主任，在管理班级的过程中，都要用到激励表扬艺术。

1. 激励表扬的意义

班级管理的过程实质上是为了实现人的发展而引导人的行为活动的过程。在人的行为活动过程中，是否给予激励表扬，会导致行为活动的表现及效果截然不同。现代的班级管理需要构建一套激励表扬机制，以此激发学生的活动动机，使学生产生积极向上的心理状态，进而产生积极的行为活动。那么，激励表扬艺术对班级管理和学生教育有着怎样的意义呢？

（1）提高班级管理效能。

实施激励表扬，能从一个侧面进一步完善现代班级的管理机制，促进班级管理的现代化和科学化，提高班级管理的效能。通过激励表扬，可以最大限度地激发全体学生的积极性，使班级充满勃勃生机，成为一个团结奋进、积极向上的集体。

（2）提高学生的主体性和主动性。

通过激励表扬，学生的主体意识、民主意识等现代观念逐渐形成，学生自我管理、自我规范、自我教育、自我发展的能力得到锻炼，进而使学生的主动性、独立性、创造性等个性品质得到发展，而这一切正是现代社会的人才素质的最基本内容，对学生未来发展有深远意义。

2. 激励表扬的作用原理

激励表扬艺术在班级管理中具有如此重要的作用，那么，其背后究竟包含着怎样的奥秘呢？让我们一起来了解一下激励表扬作用隐藏的原理。

（1）心理学的动机原理。

动机是由一种目标或对象所引导、激发和维持的个体活动的内在心理过程或内部动力，是人类大部分行为的基础。动机在用作动词时，就多称作"激励"。而在组织行为学中，动机主要是指激发人的行为的心理过程。通过激发和鼓励，人们会产生一种内在驱动力，进而朝着所期望的目标前进。

由此可见，激励表扬之所以发挥作用，就在于它可以激发人的动机，使人产生一股内在动力，朝既定目标前进。心理学研究表明，激励表扬可以促进积极的心理品质的形成，有利于人的发展。班集体是学生成长的摇篮，班主任之于班级管理就如同船长在指挥航船远航，唯有全体成员奋勇当先、齐心合力地工作，才能顺利地到达胜利的彼岸。因此，班主任在班级管理中，运用了激励表扬艺术，实际上就是激发了学生的动机，调动了学生潜在的积极性，从而使学生产生了奋发向上的内在动力。

（2）马斯洛的需求理论。

人本主义心理学家马斯洛在其提出的著名的人的需求层次理论中告诉我们，人的需求有一个从低到高的发展层次。低层次的需要是生理需要，向上依次是安全、爱与归属、被尊重和自我实现的需要。自我实现指创造潜能的充分发挥，追求自我实现是人的最高动机。由此可见，实现价值，就是实现生命力。而一个人有生命力，才会活得快乐。

激励表扬艺术满足了学生被肯定的渴望，而诚如心理学家威廉·詹姆士所说："人类本质中最殷切的需求是：渴望被肯定。"俄国著名教育家乌申斯基也说："儿童憎恨的教师是在任何时候也不能从他那里得到表扬和承认的那些教师。"因此，激励表扬艺术从细微处着眼，从平凡中寻找不平凡，就让学生被认可和肯定的心理需求获得了满足，这种满足感让学生发现自我，寻找到自我价值，于是学生在教师的激励表扬中感受到老师发自内心的尊重，进而愿意接受教师的教育，正如教育家赞可夫所说："学生对于教师给予他的好感，反应是很灵敏的，他们会用爱来报答教师的爱。"于是，教师就可以在教育中，引导学生形成正确的人生观、价值观。

二、运用激励表扬艺术的方法

班级管理犹如船长指挥航船远航，唯有全体成员奋勇当先、齐心合力地工作，才能顺利地到达胜利的彼岸。而班主任倘若可以在班级管理和学生教育上，有效运用激励表扬艺术，就可以调动学生潜在的积极性，激发学生奋发向上的内在动力，建设团结、和谐、进取的班集体。

1. 激励艺术的实施方法

激励是班级管理中一个永恒的话题，它既是一门应用科学，也是一门领导艺术；既是一种原则，也是一种重要的手段和方法。在实践中，班主任可以根据不同的情况，抓住不同的激励时机，从实际出发，不断创新，不断改进管理的方式方法，综合运用各种激励策略，才能提高管理水平，以取得理想的管理效果。

（1）目标激励法。

目标对人的行为有导向和激励的功能。目标对人具有吸引力并产生积极的情感。目标激励就是通过目标管理，指导学生的行动，使学生的需要与学校、班集体的目标紧密地联系在一起，以激励学生学习的积极性、主动性和创造性。目标激励的关键是使目标能产生激励作用，故目标的制定，必须具有可行性和适度性。因此在班级管理中，班主任要注意为学生设定的目标越切近学生的实际，越符合学生的目前需要，就越能激发起学生的进取心和积极性。教师可以根据学生实际，分层设定目标：对于基础较差的同学，帮助他们建立切实可行的目标，让他们在不断实现目标的心理优势下，继续向更高的目标迈进。对比较优秀的学生，帮助他们建立较高的、长远的目标，并为他们实现目标创造环境、提供条件。当目标一旦确定，就要定期对目标实施和完成的情况进行考核，督促学生顺利实现预定的目标。

案例

学生小王性格外向，极有幽默感，在同学中人气很高，但是自我约束力很差，无论在纪律还是在学习上都很懒散。高一上学期时，他经常因迟到、吃零食、留长发、上课睡觉、不佩戴胸卡等违纪问题而被扣分；学习上，上课经常开小差，睡觉，不认真听讲，很多科目的作业也总是应付完成，每每考试，成绩排名基本都在后10名。班主任贾老师通过与小王家长的电话沟通了解到，小王的父母对儿子的期望值很高，但是由于以前疏于管教，使小王养成了懒散贪玩的习性。

根据小王的情况，在高一下学期初，贾老师就制订了初步激励工作计划，以期通过有准备、有计划、多方位的激励对小王进行疏导和转变。首先就是找小王谈话。贾老师选择了边散步边谈心的谈话方式，于是师生二人的谈话进行得很顺利。贾老师在谈话中获知了小王内心的所思所想，不断地给予他鼓励和信心。谈话后，小王的学习态度发生了改变，于是贾老师在对他学习态度有所转变给予表扬的同时，又对他提出了更高的要求，就是从最薄弱的英语科入手进行补习和提高。小王虽然有些迟疑，但最终同意了。贾老师也顺势约定：如果到期末他能在班级进步到35名以前，老师就请他吃饭。就这样，小王慢慢地发生了改变，不仅学习很勤奋，就连平时爱犯小错误的毛病也少了，因为他说他正向着自己的目标前进。到高一下学期期末考试时，他进步到了班级33名，荣获了年段颁发的"成绩进步奖"。在高二上学期的一次月考中，小王通过不懈的努力，"奇迹般"地进入了班级前10名，成为大家学习的榜样。

(2) 民主参与激励法。

人的本性是倾向于自主的，都有自己管理生活、学习、工作的愿望。学生时代，尤其是中学生时正值人走向独立、自主的时期，参与意识尤为强烈。因而班主任可以引导学生最大限度地参与班级管理，使之由消极的被管理者变成积极的管理者。参与激励是指教师注意发挥班级事务管理的作用，使学生有机会参与班级重大决策和学习目标的制定，经常与学生沟通情况、交流思想，从而激发学生在学习上和思想上与班级患难与共的积极态度。比如学生平时纪律考核、奖惩条例、班委选举等涉及学生切身利益的问题，班主任都要注意发扬民主，充分讨论，做到班务公开，增强透明度。这样不仅尊重了学生当家做主的民主权利，也增强了学生的凝聚力和集体观念，从而推进班级的民主管理，促使班级工作跃上新的台阶。

同时，班主任要尽量让每个学生都参与班级实际管理。如：课间与自习课纪律、教室卫生保洁、宿舍文明的管理等。学生懂事守纪，学风浓，成绩好，班干部能力强等，这些都是由于强化了学生主人翁意识的结果。

(3) 竞争激励法。

在班级管理中竞争是客观存在的。班主任既要看到管理的对象是一个一个的学生个体，更要看到管理的对象是一个学生群体，应该"既见树木更见森林"。这样，就会自觉地把群体中成员间的相互作用化为激励要素，其中较突出的是把在合作基础上的竞争，化为重要的激励要素。这样，不仅激发学生个体的积极性，而且激发了学生群体的积极性。班主任在班级中可以经常组织一些小组间既竞争又合作的活动，从而使班级管理效能更高。比如练习测试、卫生保洁、运动、朗诵、背书、宿舍文明等，班主任可以指导学生制定评价表，每周公布"竞赛"结果。

(4) 奖惩激励法。

根据美国心理学家斯金纳的激励强化理论，可以把激励行为分为正激励与负激励，也就是我们通常所说的奖惩激励。

奖激励就是对学生个人的符合班级目标的期望行为进行奖励，以使这种行为更多地出现，提高学生个人的积极性。其中表扬就是对学生良好行为的一种积极肯定，是班主任做学生思想工作、搞好班集体建设不可缺少的一部分。下文中我们会具体来介绍，在此不再细说。惩激励就是对学生个人的违背班级目标的非期望行为进行惩罚，以使这种行为不再发生，使学生个人的积极性朝正确的目标方向转移。批评是教师最常用的惩罚方式。关于这一问题，我们也会在后面以专题的形式介绍，在此也不多说。

总之，对于班级管理工作，在对学生实施教育的过程中，奖惩激励都是必要而有效的，这两种方式的激励效果不仅会直接作用于学生个人，而且会间接地影响周围的同学和整个班级。因此，班主任可以借助于树立正面的榜样和反面的典型，扶正祛邪，在班级内形成一种良好的班风，进而使之产生无形的正面行为规范。这种方式远比枯燥的教条和班规更直观、更具体、更明确，能够使整个班级的行为导向更积极、更富有朝气。

2. 表扬艺术的实施方法

和激励一样，表扬不仅是一门学问，更是一项艺术。表扬运用得恰到好处，可以帮助学生充分建立自信，培养积极向上的世界观、人生观。同时，对于班集体形成团结友爱积极进取的班风也起到决定性作用。青少年在成长过程中，其自主意识不断发展，但心理素质尚未成熟，因此表扬艺术在鼓励他们积极向上，争先创优活动中会起着巨大的激励作用。就算是成绩差的学生，倘若班主任善于挖掘其闪光点作为教育他们的突破口，用表扬、鼓励、信任的方法点燃其自信的火花，就可以逐步将其自卑心理消除，从而使之自觉约束自己，不断进步。表扬的方法多种多样，有口头表扬、书面表扬、物质表扬等，下面我们一起来看一看表扬的方法。

（1）口头表扬法。

口头表扬是最常用的一种形式。有时教师的一句话，可能会改变一个学生的一生；有时一支铅笔、一个本子、一个赞许的目光、一个无声的眼神，都会使学生受到鼓舞和重视，从而内化为积极向上的动力。这是班主任常用的方法。这种方法的操作极其简单，班主任可以站在讲台前，对某个学生做了什么好事、取得了什么成绩、最近有哪些进步等加以介绍，然后引导同学们向其学习。

案例

W老师班上有一位同学做完手术后返校，行动还不太方便，由于家里原因，孩子的中午饭也需要在学校吃，在此期间，W老师发现班里的几位热心的学生都在为她服务，有的给她打饭，有的扶她上厕所，W老师是见一次就在班上表扬一次，慢慢地，W老师发现班上出现了不少的"活雷锋"。这种表扬方式虽然简单，但是时不时地站在台前表扬一下，孩子们也会信心十足，充满精神。

班主任的教育艺术

（2）掌声表扬法。

除了口头表扬，还可以用掌声表扬。这两种方法都属于精神表扬法。这种方法多用于班级活动或课堂教学之中，同学们的表现积极时，问题回答得妙时，班主任就可以让全班同学给予热烈的掌声，让他们感觉到光荣而自豪。班主任要清楚，只要班上的掌声响起来，同学们的积极性就会不断提高。

（3）得"星"表扬法。

这是将精神表扬和物质表扬结合在一起的一种表扬方法。班主任可以在班上举办了一个"快乐之星"展台，上面贴上每个学生的相片，得星内容包括"学习、纪律、卫生"三大项。每个学生都有自己的特殊爱好，后进生更是如此。所以每个学生只要进步了，班主任就要给"星星"奖励。刚开始可以奖得勤一点，难度低一点，让学生们都有机会得星星，每天发现有进步的学生，放学前奖他（她）一颗星，渐渐地就可以一周一评，用一周内不拖拉作业，不迟到早退，不说脏话，不打架，上课不说闲话，不乱丢垃圾等条件来约束他们，规范他们行为，同时也让他们形成竞争机制。当然了，班主任要设立相应的依据，而且表扬不能滥施，要看准火候、找准时机。

（4）短信（微信）表扬法。

互联网高度发展，为班主任的表扬方式提供了现代化的渠道。其中，短信或微信表扬法就是在网络平台上操作的。这种表扬方式可以让家长获知孩子的积极表现，从而使家长和教师一起对学生的积极表现予以表扬，达到激励的作用。

案例

A老师班的小王同学，刚开学时总是拖作业，字也写得乱，过了两周后，孩子明显有改变，当A老师看到他字写得整齐了，作业也按时完成了，除了在班上表扬他外，回到办公室，打开手机，也用短信的方式第一时间把这个好消息告诉了小王的家长，并让家长及时在家鼓励小王。

总之，借助短信（微信）表扬法，发挥家长的作用，不但可以让家长们充满信心和成就感，还可以提升学生教育的效果，何乐而不为呢？当然了，我们也可以用短信表扬的方法对待家长，适时、礼貌地表扬家长，让家长获得成就感的同时，也更加积极地发挥学生的家庭教育作用。

三、运用激励表扬艺术的注意事项

激励表扬是教师对学生经常采用的一种教育方式。运用好这一教育方式，可以激发学生的学习热情，增强学生学习的积极性，从而提高学习效率，实现目标。但是在运用这一教育方法时，还要注意相关事项。

1. 激励艺术的实施注意事项

班主任的激励是学生的"启动机"，是学生进步的"加速器"。班主任艺术地运用激励艺术，对学生可以起到催化、启动和加速的功能。不过，在运用激励艺术的时候，班主任要注意以下问题：

（1）各种激励艺术要因人而异。

人有物质生活需要和精神生活需要。不同的学生有不同的需求，激励艺术只有符合不同学生的个性心理特征，符合不同学生的内在需要，符合教育教学的基本规律，才能调动每一个学生的积极性、主动性和创造性，以求达到最佳的教育效果。

（2）把握最佳的激励时机。

在激励的过程中，要做到掌握分寸，恰到好处，必须善于捕捉时机。笔者认为，班主任要抓住下列最佳激励时机：面对新的学习环境时、取得新的成绩或在某方面取得成功时、对某种需求有着强烈愿望时、对过错有悔过之意时、遇事犯难举棋不定时、处于某种生理或心理困境时……这样才能收到事半功倍的效果。

案例

一次数学考试之后，A老师发现班上的女生普遍考得比男生好，就在班会上给大家讲了个故事："昨天我做了个梦，梦见我的老师在课堂上问我，来生当男生还是当女生，我就回了一句：当女生！我的老师就问我，为什么？我就说，男生与女生下棋时，要是女生赢了，她就会立刻被大伙称为女才子；要是输了，人们也不会责怪她。可男生就惨了，要是他下赢了，肯定没人说他是男才子；可要是下输了，人们又立刻说他是个大草包。天！亏不亏！"听到这个奇怪的梦，大家全都笑出了声。A老师从从容容地接着说："不过今天我不说梦，而是要表扬咱们班的女生，为什么？因为她们考得好，超过了男生！这说明，不仅下棋，考试也一样，女才子特别多！因此，我既要为我们班女生们的胜利而骄傲，也要为我们班男生们的谦虚而骄傲！""哄"的一声，大家又一次快活地笑了！女生们笑，是因为老师在夸她们；男生们笑，则是因为老师的调侃是对自己的一个极巧妙的激励！

在激励学生时，倘若一味用空洞的理论极易引起学生的反感和苦笑，班主任不妨将其编织成一个个小故事或案例，如此一来不但可以让学生眼前一亮，暖上心头，而且教师讲得愉快，学生听得有趣，在故事中学生自然会明白教师激励他们的真实用意。

（3）恰当利用物质激励。

物质激励对于学生来讲也可起到相当的促进作用，但处理不当，会产生负效应。奖励物质应为与学习相关的物品，如书本、笔记本及其他学习用具等。如果奖励学生吃肯德基、巧克力，在笔者看来，就会产生相当大的负效应。班主任工作重在激励学生的意志和精神，刺激学生强烈的学习欲望，鼓励学生为实现自己的理想坚持不懈地学习，激励学生不断地改造自我、完善自我。

（4）强化学生的优点，弱化其弱点。

班主任切忌对学生有偏见，或是用放大镜来看学习成绩好的学生的优点，而一味地加以鼓励；或是用放大镜看学习成绩差、表现不好的学生的缺点，而一味地加以批评。每个人都有优点和缺点，正确的做法是，平等、公正地对待每一个学生，强化其优点，弱化其缺点。

案例

二年级学生小B，学习用具经常不带，也时常不完成作业，还与其他同学处得不友好。班主任A老师发现，对待这样的学生，不管是责骂还是惩罚都不会起到良好的作用。相反，以一种广阔的胸襟给予谅解、宽容和鼓励，并为他指出一条改正错误的途径，这才是解决问题的根本方法。有一次劳动课，小B没带劳动工具，当他帮一名同学提水擦窗户时，A 老师马上当着其他同学表扬他，小 B 很高兴。慢慢地，他的坏毛病有了改进。他一次小小的进步，得到了难得的表扬，成为激励他认真学习的巨大动力。随后，他为了得到老师的表扬，课堂上更加认真，成绩有很大的进步。

（5）坚持公平与全员性原则

班主任在班级管理中运用激励这一管理艺术时，尤其是运用竞争激励艺术时，要注意做到：一要注意公平性，以防止任何不合理因素包括班主任的偏袒等因素的干扰；二要注意全员性，要明确班级中学生的竞争不应只是少数拔尖"选手"的竞争，而应该是全员参与，让不同程度的学生在不同层次上共同参与竞争。比如只发"学习优胜奖"对大多数学生就没有激励作用，而发"学习进步奖"则对任何水平的学生都有激励作用。

2. 表扬的原则和注意事项

表扬是教育最主要的、也是最有效的手段。表扬的目的是把它作为一种积极的强化手段，对学生良好的思想行为给予肯定。恰当适时的表扬不但可以使学生看到自己的长处和优点，激励其进取和自信，而且还会对其他学生的思想行为起导向作用。

（1）以鼓励为主。

日本科学家江本胜先生在《水知道答案》这本书里，讲到同样的三杯水，一杯天天赞美，一杯天天唾弃，另一杯则置之不理。结果不受关注的那杯水最先混浊，充满爱慕的那杯到最后才会污染。用显微镜观察它们的晶体，充满爱慕的那个晶体的结晶很漂亮，甚至是惊艳；而每天被唾弃的晶体很丑陋，结晶的流线是紧张的、不安的；不理睬的结晶很普通，不会引起你丝毫的注意。其实对学生的教育也是如此。

案例

马老师班有一个学生，上课注意力不能集中，不爱发言，对学习缺乏信心，对父母亲、老师有很强的逆反心理。原因是他的父母关系不和，父亲常年在外，一年也难得见到几次。他的母亲对他的教育则是大声斥责加拳脚棍棒。以前的老师每次见到他的父母亲，就诉说他的种种不是，家长则一味地责打他。他认为老师和父母亲都不喜欢他。马老师找到了症结后，就主动接近他、观察他，发掘他的优点。通过一段时间的了解，马老师抓住他思维敏捷、责任心强等优点在全班表扬，并当着他和家长的面赞美他上课的点滴变化和学习成绩的进步。通过多次接触谈话，家长对他有了信心，他的学习态度更认真，班级值日也非常负责任，马老师不失时机地再一次表扬他。现在，他与父母关系融洽，对老师更尊敬了。

班主任在运用激励艺术时，要注意以鼓励为主，须知，鼓励班干部做出的成绩，会激励其鼓足干劲，以饱满的热情努力工作，以争取更大的进步；鼓励尚未做出成绩的班干部，会促使其总结经验和不足，增强信心，增长才干；鼓励成绩优秀的学生，对其成绩及时表扬，会让其知道班主任在时刻关注着他们，从而自我督促向更高的目标发展；鼓励成绩有待提高的学生，会让其读懂老师的期待，不断地看到自己的进步，相信自己一定能做得更好；鼓励普通学生，会让其学会扬长避短，长善救失；鼓励潜能生会令其主动参加到班级的各项活动中来，在活动中表现自己，进而在活动中受到培育。

（2）以引导为主。

班主任在表扬学生的同时，对其他学生进行引导，帮助学生树立榜样。榜样的力量是无穷的，在班级进行表扬的同时要与学习先进人物的活动紧密结合起来，这对被表扬的学生应该说是极大的鼓励，对其他学生又是有力的鞭策，让学生有明确的前进方向，促进学生不断提高。

案例

一次上数学课，W老师自认为一道题讲得圆满透彻，方法多，学生也积极配合，当他得意扬扬地拍拍手上的粉笔灰，安排学生作业时，一个学生突然举起她的小手，说："老师，我还有一种解法，比您的解法简单得多。"W老师先是有一丝不快，但教师的职业道德提醒自己，要尊重学生，于是，他面带笑容地走向该同学，询问她的解法，果然比他教的解法简单得多，W老师教了十几年的书，这个题也讲了无数遍，怎么就没想到这种解法，于是W老师请这名同学走上讲台，将她的解法讲给同学们听，并对同学们说："作为老师，不，今天应该作为这个同学的学生，我感到很高兴，在十几年的教学中，我就没有想到这个题还有这么一种简单的解法，但可喜的是我的学生帮我补上了这种解法，老师真的失职，竟然没有发现班里这样优秀的才子，我为有这样优秀的学生感到骄傲。希望我们班以后多些这样优秀的学生！"以后，不但这个学生对数学产生了浓厚的兴趣，而且全班同学都主动质疑，多多思考。

（3）以信任为主。

信任是打开心灵大门的钥匙。班主任要想真正走进学生的心里，成为学生的朋友，就必须在日常工作中让学生对自己产生足够的信任。作为班主任，必须首先信任每一个学生，能够用心观察每一位学生，能够适时地发现学生的点滴进步，并进行表扬。这样，才能换取学生的信任，为以后的工作打好坚实的基础。

案例

小雨是一个内向的孩子，但是性格比较倔强，父母看到她成绩一直无法提升，心里很着急。肖老师观察这个小姑娘，发现虽然学习成绩不太理想，但是体育成绩却不错。趁学校开展运动会之际，肖老师推荐她报名100米和200米的赛跑，并告诉她老师相信她肯定能行。起初她有不少顾虑，对自己没有信心，但经过肖老师多次的鼓劲和肯定后，终于鼓起勇气，最终她没有让大家失望，拿回了两块银牌。从此以后，她变得自信多了，因为她开始肯定自己，发现自己不是一无是处。父母也开始用赞许的目光去看待自己的女儿。

（4）不要将表扬和赏识混淆。

表扬和赏识存在相通之处，但并不完全相同。赏识里面有表扬的成分，但又不能完全画等号。倘若班主任错将表扬和赏识等同，就极可能造成不适当的赏识，进而使得学生知识上存在模糊和理解上存在偏差。而这种偏差会随着时间的推移和学生阅历的增长，造成难以改变的影响。

（5）表扬要及时、适度。

学生的进步每天都在发生，那么，作为班主任，及时地表扬才是有效的。及时发现学生的闪光点，及时对学生的言行进行肯定，及时对学生的进步进行反馈，这对于学生来说，是最大的鼓励，也会给学生的继续进步提供巨大的动力。

案例

小龙这个学生，平时捣蛋、破坏纪律总有他的份。为此，刘老师找他谈话后，发现原来他这些行为都是为了能引起大家对他的注意，哪怕是得到老师的批评也行。于是刘老师与其家长沟通，让家长平时对小龙多关心，多与其交流。在学校，刘老师安排小龙做一些力所能及的事情，比如中午分发水果，为同学整理桌面等，他干得很起劲。刘老师及时表扬他，使他收获了同学们肯定的目光。小龙的妈妈也配合刘老师将小龙在家做的点点滴滴好事写在小本子上，刘老师会利用每周的午会课给予他及时的表扬。一段时间之后，小龙的脸上露出了久违的笑容，性格变得开朗，也能和大家愉快地相处了。

班主任还要认识到，学生的进步是我们最期待的事情。但我们不能为了表扬孩子而不尊重事实，夸大其词，或者曲解其意，这样都不会取得良好的教育效果，甚至会适得其反。此外，班主任还要掌握表扬的频率，掌握好表扬的度。表扬的同时不要忘记不能忽视学生的不足，在表扬之后，要通过各种途径做好扬长避短的后续工作。

（6）要将表扬和批评结合起来。

有的教师明明知道学生的缺点很多，但却过多地进行表扬，使学生对自己的不足不能有清楚的认识，这对学生的发展百害而无一益。可见，班主任在运用表扬艺术时，要有一定的分寸，要将其与批评结合起来，从而在表扬的同时辅以必要的适时的批评，推动学生健康发展，真正发挥激励表扬推进器和催化剂的作用。

专题五

批评处罚艺术

　　一个人就是一个世界，这个世界随他而存在。班主任面对的并非一两个世界，而是几十个世界。因此，班主任的工作就是要认识并了解这些"世界"，并令这些"世界"良性发展。在这一过程中，批评处罚艺术是必要的手段，是学生走向成功的推进器和催化剂。

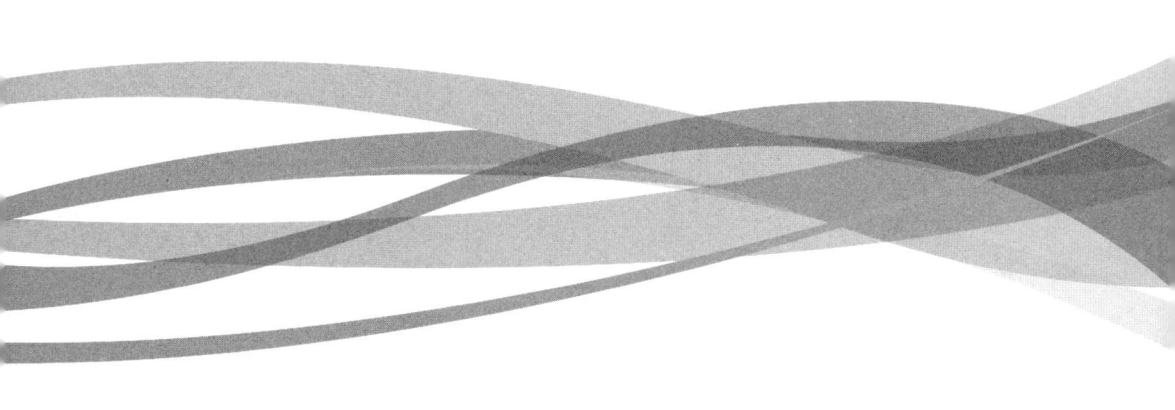

教育故事

美丽的惩罚

袁浩，全国著名语文特级教师，江苏省首批名校长，全国科研型校长，多年来致力于小学语文教学、现代学校管理的研究与实验，曾任南京市北京东路小学校长，中学高级教师，兼任全国现代教育技术实验学校专家委员会委员，全国小学语文教学研究会理事，中青少年写作协会副理事长。这样一个颇负盛名的教师，以一颗温柔的心，全心全意地爱着学生，用美丽的惩罚对待孩子们的错误。

一天，袁老师班里的4个孩子在放学后贪玩，跑到河里去抓虾了。而学校曾三令五申，不允许孩子们去河边玩耍，为的是避免发生意外事故。面对这几个"小调皮"明显的违纪行为，应该怎么处罚呢？

袁老师想了想，先不动声色地来到这几个孩子抓虾的地点，仔细考察一番。他发现，这是一条清浅的小溪，一般不会发生危险。但这几个孩子的安全意识不强，加之明显的违纪行为还是要处理的。于是袁老师在考察结束后，回到学校，将这4个"小调皮"叫到了办公室。

袁老师不动声色地看着这4个小家伙。看样子，他们也清楚了自己所犯的错误，全都耷拉着脑袋，乖巧地站在办公室里等着挨批。袁老师没提违纪的事，而是笑着对他们说："你们喜欢虾子，这好啊！大科学家达尔文、法布尔从小不都是昆虫迷吗？你们谁能告诉我，虾子喜欢歇在什么地方？你是怎么抓着的？抓虾用什么办法最好？虾子到底是什么模样、什么颜色的？头上有什么？脚有多少只？尾巴呢……"几个"小调皮"傻了眼，自己当时只顾着抓，没人注意虾到底长得什么模样呀。看到孩子们傻了眼，袁老师又拍拍他们的肩膀说："我本想让你们明天向全班同学介绍介绍的，可是你们……这样吧，你们再去抓一次，抓的时候，认真看看，好好想想，回来再讲给我听听，好不好？"几个孩子相互望望，随后便撒腿去了。

在一般的班主任看来，学生放学不回家而去忙着捉虾，那是一件相当严重的事情，要将家长传来，左一个"不遵守纪律"，右一个"不注意安全"地教育学生，不将学生说得眼泪汪汪不罢休。殊不知，当我们仅关注"放学不回家而去捉虾玩"这件事情的性质，而不去关注如何将坏事变成好事时，那么孩子们所犯的错误就的确只是错误了。而在这一点上，袁老师做了有心人，巧妙地运用惩罚艺术，通过学生对虾的特殊"情结"，以惩罚其捉虾的方式，引导他们进行观察、思考、探索，教会学生如何玩得更有意义。于是这样的惩罚因为多了一份选择和智慧，就成了一种快乐的教育。

中国青少年研究中心主任孙云晓说过："没有惩罚的教育是不完整的教育。巧妙而艺术地运用惩罚，与有效的赏识教育一样，往往可以起到事半功倍的教育效果。"带有温情的惩罚不仅能够彰显出惩罚者良好的修养和宽阔胸襟，更有助于把消极因素转化为积极因素，让学生在体味到老师宽容与关怀的同时，认识到错误，并采取积极措施为自己的过失负责。或许这样美丽的惩罚还能够惩罚出一大批出类拔萃、灿若群星的杰出人才呢！

一、批评处罚艺术的价值

一朵在温室里长大的鲜花是不能经受住大风大浪的冲击的，一个在只有赞扬声中长大的人是无法经受未来生活中遇到的磨难和困难的。在这个竞争激烈的社会，适当地接受一些批评、经受一些处罚有助于学生的健康成长，是学生走向成功的推进器和催化剂。

1. 学生进步的动力

班主任除了日常班级管理工作之处，更重要的是对学生进行思想教育。班主任要发挥教育主导作用，批评和处罚就必不可少。国外有教育专家经过多年的研究得出：学生在成长过程中表扬应占教育的70%，批评应占教育的30%，如果失衡于这个比例关系，对受教育者都是不公平的。

为此，班主任要经常在学生犯了错误之后对他们进行批评与惩罚，从而促进学生认识错误并能够改正错误。学生年龄小，社会经验不足，对事物的认识往往不够全面、客观，易受外界不良影响的刺激，容易犯错。教师有责任对他们进行批评处罚教育，帮助他们明辨是非，促进他们改正错误，从而树立正确的人生观、价值观和世界观。

如果学生犯错后教师还一味迁就，盲目表扬，就会使学生不能认清问题的正误，迷失方向，从而不能正确地对待事物，不能客观地评价自己和他人。须知，教师对学生的错误行为不予以批评指正，无疑是对学生的放纵与姑息，其结果是使其越来越难以管束，在错误的道路上越走越远，甚至走上不归之路。反之，恰当并有技巧的批评处罚有助于学生深刻地认识自己的错误，迅速改正错误，并不断走向成熟。

2. 对学生的挫折教育

从心理教育的角度而言，批评处罚是对青少年学生的一种挫折教育，可以提高学生的耐挫心理，磨炼学生的意志。既然挫折在所难免，那么提高学生的耐挫能力也就成为教育的一项重要任务。耐挫能力的提高，对于个体的成长有着不可忽视的作用，它有利于健康人格的形成。

"人的生命似洪水在奔腾，不遇着岛屿和暗礁难以激起美丽的浪花。"现在的学生大多是独生子女，被父母视为掌上明珠，"衣来伸手，饭来张口"，养成了任性、傲慢的性格，他们的心理脆弱，受不得批评处罚，经不起挫折，意志薄弱，控制力差，不能承受失败的痛苦。所以，作为一种教育手段，批评处罚可以给他们敲敲警钟，磨炼他们的意志，增强他们的耐挫能力，以适应未来的竞争与挑战。

二、运用批评处罚艺术的方法与技巧

批评处罚虽然可以发挥重要的教育作用，也是教育中不可缺少的方法，但批评处罚也要讲究艺术性，方式的不同教育程度也有很大不同的。班主任巧用批评处罚的艺术，可以让学生更乐于接受教育，矫正行为，达到事半功倍的效果。下面，我们一起来看如何批评才能体现批评处罚的艺术。

1. 批评的方法

艺术的批评方式很多，班主任在使用批评的教育方式时，要注意灵活恰当，因人因事而异，因时因地采用，如此方能让学生乐于接受、易于接受，从而改正缺点，积极上进。那么具体来说，批评的方法有哪些呢？

（1）个别批评。

这种批评方法是采取单独谈话的方法进行的。这也是教师最常用、最行之有效的一种方法。这种方法有利于师生之间的情感交流，且易于学生接受。尤其是对自尊心强、性格内向的学生，更应采用这种方法。

案例

W老师班上有一名女同学，平时性格内向，但学习成绩优秀。最近几天，科任教师反映她已经连续两周上课精神不集中，无心向学，学习成绩也呈下降的趋势。针对这种情况，W老师利用早读时间，将她带出教室，与其低声谈心。经过详细询问，W老师获知这名学生的父母不久之前离婚了，她因此心情沮，无心向学，甚至一度产生轻生的念头。于是W老师耐心地与之沟通，告诉她大人的感情问题不是孩子能解决的，父母两人与其痛苦地生活在一起，不如分开各自找到自己的幸福。况且无论父母分开还是在一起，她仍旧会得到父母的爱。她的父母更希望自己的女儿学习成绩优异，长大有出息，W老师教育她应该以自己优异的成绩回报父母，让父母高兴，让父母自豪。在W老师晓之以理、动之以情的引导下，这名同学的眉头舒展开来，上课的注意力和精神也慢慢恢复了。

（2）当众批评。

这种批评方法适用于犯错的性质比较严重、影响范围大并带有共性的问题。这种方法威力较大，不但可以令当事人受到深刻的教育，而且可以对其他同学起到敲响警钟的作用。要注意的是，这种方法适合于犯错的问题比较普遍、严重或屡教不改的学生。

案例

前段时间因为天气寒冷，苗老师班上每天的早读时总有几个学生迟到，而且其中三个学生连续迟到好几天。针对这种现象，苗老师故意选了自己的一节课，一进教室就提高声调大张旗鼓地痛批这种现象，故作愤怒地说清其危害性，且有越讲越激动的势头。台下的学生们都鸦雀无声，想来是被老师的这种威严所震慑。最后，苗老师特别点了经常迟到的三个学生的名字，提出要求和希望。果然，这种方法第二天就收到了效果，早读课无一人迟到。

（3）商讨式批评。

这种批评是带有商量性质的，用温和的口气进行批评。此方法适用于脾气暴躁、个性和对抗性强的学生。这种方法可以营造一种商讨式气氛，可以逐步引导犯错的学生认识到自己的错误，消除其对抗心理，使之可以虚心接受批评，改正错误。同时，这种方法利于建立一种新型的师生关系，利于师生的沟通。

案例

肖老师接手新班级的班主任工作后，发现班上的学生小刚，由于家庭环境的原因，性格暴躁，对社会、对周围的人、对老师都心存偏见。经常欺负弱小的同学，大家都很害怕他。肖老师决定改变他的人生观和世界观。于是肖老师经常将小刚请到办公室聊家常，当时机成熟时，总会不经意地针对某一个问题或某一件事与他商讨，并不时地对他的观点或肯定或拨正。师生之间一直保持着彼此平等、轻松愉快的谈话氛围。慢慢地，小刚对老师和同学的态度发生了改变，并能热心助人了。

（4）即时式或延时式批评。

这种方式也称为热处理或冷处理。采用这种方法要根据错误的性质、犯错学生当时的情绪和学生的性格而定。班主任一定要准确地把握火候，如果火候掌握得不准，批评的效果就大打折扣。一般来说，发现学生有打架的念头，为化解学生之间的矛盾，防止矛盾激化，多采用即时式批评。而对于冲动的学生、学生的问题比较尴尬或不利于保护学生人格尊严等问题，多采用延时式批评。

案例

马老师是高三（5）班的班主任。这天，英语老师反映英语课教室里少了八个男生，于是马老师几番寻找，最后在学校的小卖部里发现了他们。看见马老师，这八个人都有点尴尬。马老师没发火，只是让他们在自己的工作日记中写下他们的名字和旷课的节数，告诉他们下不为例，他们也都向马老师做了口头承诺，马老师也特地向全班同学说清这件事，而且特意强调了他们自己的承诺。过了一周，英语课时又少了六个男生，马老师轻车熟路地找到篮球场将他们抓了个"现行"，这下马老师不客气了，"命令"他们把问题告知家长，明天必须叫家长来校共同配合教育。当晚肇事者中就有三人不停地给马老师发手机短信，言之凿凿地保证不再逃课，只求不要让家长来校，马老师明确回复："一言既出，驷马难追。"考虑到有人不会告知家长，于是马老师逐个联系家长，提出共同教育的希望，请他们配合。第二天，六位家长应约准时来校，马老师让这六个男生一一写下说明与承诺，再让家长签名由马老师存档保管，对两个屡犯纪律的学生，马老师特意请了年级组长签名做见证人。事后趁热打铁，马老师在班级里就守纪要求做了进一步的说明，遇事必须先请假。这件事后，全班学生再也没有出现逃课行为。

（5）含蓄式。

含蓄式又称旁敲侧击式批评，是一种含而不露、柔中带刚的影射批评。当发现学生有某种错误苗头，但还不确定时，班主任就可以采用这种含蓄暗示的批评方式，提醒学生注意，以打消学生的某种不良动机和错误行为。这种方式可以避免尴尬，不但可以让学生认识到错误，而且可以让学生保持应有的尊严和风度，可谓一箭双雕。

案例

一次，乔老师听说本班的一名女生拾到了别人的100元钱拒不返还，且自认为这事并不犯法。恰好这个女生到办公室交作业，于是乔老师就半开玩笑地问她："你帮老师弄清一个概念，什么是'不劳而获'呢？"她很快地回答："就是不经过劳动，就占有成果吧。"乔老师接着问："那么，拾到别人的东西据为己有，是不是'不劳而获'呢？"这个学生无言以对。下课后，她主动把拾到的钱还给了遗失者。

(6) 幽默诙谐式。

这种方法就是教师用幽默诙谐的语言，巧妙地指出学生的错误，引起学生注意，启发学生改正。这种批评方式不但不会让犯错的学生产生逆反情绪，而且会令其在愉快中自责，心情舒畅地接受批评，提高批评效果。要注意的是，这种方法对于严重的错误并不管用。

案例

一次期中考试，一向成绩拔尖的学生小A因为骄傲考砸了。杜老师在总结考试情况时讲了一个故事：

一个大学生放假回到乡下老家，为了说明自己见多识广，他在吃饭时给家人大谈哲学，还特意指着桌上的烧鹅对爸爸说："哲学上讲究具体与抽象，说得明确点，鹅也有具体与抽象之分。比如这只盘子里的烧鹅就是具体的，此外还有一只抽象的鹅在。"老父亲见他滔滔不绝地说着，听烦了，于是就顶了他一句："好好，这只具体的鹅我吃。你吃那只抽象的鹅去吧！"

听到这，大家哈哈大笑，而杜老师恰到好处地接着说："大家笑了，说明大家知道骄傲不好，也知道该让骄傲者吃点'抽象的鹅'！那么，本次考试，应该让谁吃'抽象的鹅'呢？大家猜一猜！对了，就是那些骄傲轻敌的人。说得具体点，有位同学成绩一向拔尖，可这次却偏偏考砸了。因此我建议，'具体的鹅'，请谦虚者吃；'抽象的鹅'，就留给他！"见大家听了有的默默地笑，有的低头深思，于是杜老师接着说："不过我要补充一句，如果这位同学是因为谦虚才这么干的，那么就另当别论了，我也请他吃'具体的鹅'。"于是"哄"的一声，教室里又一次响起了愉快的笑声。

(7) 微笑启示式。

用微笑方法去批评学生，实际上是一种动之以情的教育方法。这种方法适用于学生细微的违纪行为或偶尔为之的过错。比如学生在课堂上思想开小差，这时班主任对他（她）微微一笑，他（她）就会意识到自己的不对。

(8) 沉默警示式。

面对学生的不良表现，班主任若微露不悦或沉默不语，就会给学生传送一种心理警示信息，并由此领悟到自己的过错。这种批评可达到"此时无声胜有声"的效果。比如课堂上一些学生会埋头做小动作，班主任适时突然中断讲课，短暂沉默一会儿，做小动作的学生就会警觉起来，注意力也就集中了，这比大发雷霆更有利于维持教学秩序。

2. 处罚的方法

处罚是班主任在班级管理过程中经常使用的教育方法。但是，处罚是把"双刃剑"，运用得当，既能纠正学生的不良行为习惯，加深师生间的相互理解，构建和谐师生关系，又能起到震慑作用，营造遵规守纪的良好班级氛围，维护班级管理的正常秩序；相反，如果使用不当，不仅起不到教育学生的作用，而且会加深师生间的误会，恶化师生关系，对班级管理造成不利影响。因此，班主任在处罚学生时，处罚方法就体现了处罚的艺术。

(1) 偿还型处罚。

这类惩罚的特点是要求犯错误的学生对所犯错误做出补偿，表达愿意反省改正的态度。主要有道歉、当众检讨和写检查等。这里要说明的是，学生的补偿行为不一定非是当时做出，班主任要综合考虑多种因素，因地因时做出惩罚。另外，写检查要防止流于形式，检查的内容重点不是认错表态，而是要反思自己犯错误的过程。

(2) 剥夺型处罚。

这类处罚的特点是暂时剥夺学生的某些权利，以此达到警示作用。具体来讲，经常使用的剥夺型处罚主要有推迟进教室，取消其上课的发言权；取消参加相关活动的权利；调座位；停课（严重错误）等。下面我们分别进行说明。

推迟进教室：在日常教学过程中，经常有学生无故迟到或不经老师允许就擅自闯入教室的现象。遇到这种情况，可以先让他在门口站一会儿。但是要注意以下几点：一是做出惩罚之前要先询问学生为何迟到，如果由于特殊原因迟到，就可以免除惩罚，并向其他同学说明情况。二是把握住时间，不宜长时间站立，并借机对其进行教育。

调座位：即把学生从原来的位置调离，靠前、靠后或者单独位。这种惩罚也能起到惩戒作用。

案例

某班有名学习成绩较差的同学找班主任说，想和某同学坐一起，因为两人是好朋友，而且某同学学习成绩好可以帮助自己。班主任告诉他，调位可以，但是要答应老师好好学习，遵规守纪，他应允了。可是，经过观察班主任发现，该生上课讲话，做小动作，令周围同学非常反感，于是毅然把他调离此位。

（3）冷淡式处罚。

这是一种特殊的惩罚方式，简单讲就是沉默相对，和上面我们讲的即时式或延后式批评有异曲同工之妙。这种处罚方式有特殊的对象，主要是对那些屡教不改的又有非常强的表现欲的学生，当这类学生出现不良行为时，教师可以表现出冷淡的态度，不论你要什么花招，我都不看你一下。但要注意的是，此方法不可长时间使用，以免引起学生误解，影响效果。

（4）自助餐式处罚。

这种处罚方式就是让学生自主选择处罚方式。其好处在于可以让学生拥有自主权，也让学生在选择的过程中反思自己的错误，进一步加深认识，以杜绝类似错误再次发生。

案例

道格拉斯是美国《芝加哥快报》的编辑总监，来中国做教育援助志愿者。他与妻子离婚后，5岁的小女儿琼妮归他抚养，他们父女俩达成一项"君子协定"：谁撒了谎就必须接受对方的惩罚。一次，小琼妮将幼儿园的拼图游戏板偷偷带回家，并撒谎说是同学给他的，父亲得知真相后，除了要她退回玩具，当面向老师道歉之外，给出三种惩罚方式要她选择：一个星期不能吃冰激凌；取消周日的野餐；在屁股上狠揍两巴掌。琼妮选择了第三种。

案例中的道格拉斯针对女儿的错误进行的处罚就是自助餐式处罚。班主任在实施此种处罚方式时，要注意详细规定各种违纪行为和落后表现应该受到的惩罚。和其他班级管理细则不同，这些违纪行为所对应的惩罚措施并不只有一条，而是有相对并列的多条。如果学生违纪，他可以从相应的惩戒措施中进行选择，并认真执行。

案例

某日，某学生上自习时和同桌吵闹，扰乱课堂纪律。值日班长根据班规，很快就开出了"惩戒通知单"：

×××同学：

你因为_____问题，不但影响了自己的学习，影响了小组和班级的荣誉，而且严重影响了_____。为让你进一步认识到自己的错误，养成良好的学习生活习惯，成为一个真正完美的学生，请你自觉接受以下处罚/从以下处罚中任选其一。

1. 写 500 字检查，公开向全班道歉，争取大家原谅。
2. 完成一份违纪心理剖析，并在班级宣读。
3. 罚跑 5 圈或者 200 个蹲起，自我处罚，加强认识。

××班

事实上，这一案例也是采用了自助餐式处罚，这是一种弹性惩戒方式，可以让每个违规的学生以选择接受不同形式惩戒的自由，使得学生难为情而不难堪，使得制度不仅是约束，也给了学生深刻的教育。

三、运用批评处罚艺术的注意事项

成功的批评或惩罚是学生进步的动力，反之，不适当的批评处罚达不但达不到预期的教育目的，甚至可能令学生产生与班主任对立的情绪，直接或间接地以一定的方式发泄心中的不满，给班主任以"反击"。班主任在运用批评处罚艺术时，要注意以下事项。

1. 运用批评艺术的注意事项

批评艺术作为一种教育学生的方法，运用得好，可以提升教育效果，促进学生反省和改变，从而帮助学生认清自己的错误。但在运用这种教育艺术的时候，也要注意以下问题：

（1）要注意批评的感情基础。

批评的情感基础主要表现在对学生自尊心的尊重。自尊心是青少年心灵中最敏感的角落，班主任在批评处罚学生时应注意保护学生的自尊心。为此，班主任必须把握青少年自尊心的特点，那就是敏感性、脆弱性、情绪化。如此一来，班主任在批评处罚过程中就可以在掌握这些特点的前提下，对学生开展批评处罚教育。

第一，运用批评艺术时要巧妙地指出"美中不足"。

在班级管理中，班主任对学生的教育应以表扬为主，这是毫无疑问的。但这绝不意味着不能对犯错误的学生进行批评，应在表扬中巧妙地指出"美中不足"。但必须要讲究方法和慎用语词，否则收不到批评效果。例如，一些班主任在批评学生时也先用了赞扬的原则，但他们在赞扬之后却来了一个明显的转折——"但是"，那么学生则认为教师是"醉翁之意不在酒"，真正的目的在于批评自己，其结果——学生不会接受老师的批评，这样的批评当然不会收到效果。如果把"但是"一词变换一下，效果就不同了。

案例

学生小杨在体育方面有一定的特长，在运动场上生龙活虎，而在课堂上则成了纸老虎，上课总是提不起精神。一次班主任毛老师教育他说："你在体育方面取得了很好的成绩，如果你在学习上同样具有运动场上那种干劲，相信你的学习成绩会进步的。"

在这里，毛老师把"但是"换成了"如果"，用这种间接提醒的教育方式，学生乐于接受，能够心悦诚服地接受教师的批评和指点，效果明显不同。

案例

一次，A老师班上的一名学生因为看见同桌的笔漂亮，就偷偷拿了，拿的时候正好被另一个老师看到，告诉了A老师，A老师立刻找到那名学生对他说："你是不是借了同桌的一支笔忘还了？用完了一定要记住还给同学噢！"通过A老师的话，他明白了一切，最后把笔还给了同桌。

上述案例中 A 老师的这种说法，既不伤学生的面子，也没有被别人误解为包庇，这种批评方式学生很容易接受。

第二，运用批评艺术时要尊重学生的自尊心。

如今的学生独生子女较多，也有部分学生是在单亲家庭里成长，特别是中高年级学生正处于自尊心强、感情脆弱的年龄，所以教师进行批评教育时要注意保护学生的自尊心。学生有缺点、错误时一定要注意场合，最好不在大庭广众之下批评，更不能使用侮辱性语言。有时当着全班同学的面公开批评学生，很可能使学生的自尊心受到伤害，这样无助于问题的解决，反而会形成师生之间的对立情绪，导致学生的逆反心理，从而很难达到教育学生的效果。"得不到别人尊重的人往往有最强烈的自尊心"，因此，在批评学生的时候既要讲原则，不迁就其错误的思想行为，又要讲感情，尊重他们的自尊心。这样，被批评的学生就不会感到自己是在挨骂，而是在接受教师的教育。下面案例中的这位教师运用幽默语言批评学生，在尊重学生的同时，也教育了学生。

案例

A 老师查寝，恰碰几个男生在抽烟。A 老师追问原因，一男生说学习太紧张，抽烟可以解乏。A 老师说："对！抽烟的好处还不止这些呢。抽烟可使人永远不老——没等到老就死了；可以防盗——半夜咳嗽不止，小偷不敢来；可省布料——骨瘦如柴，小老头一个；不怕恶狗伤人——腰弓背驼，恶狗以为你拾砖砸它呢！不是有人说'男人不抽烟，白来世上走；女人会抽烟，潇洒又风流'吗？来，把烟拿出来，让咱们一起潇洒潇洒。"几个男生惭愧地低下头，把藏在口袋里的香烟全部交了出来。

第三，运用批评艺术时要注意灵活、公正、公平。

毋庸置疑，优等生因各方面表现都比较好，很容易受到教师的喜欢。因此，当优等生与教师眼中的差生同时做了错事时，很多班主任会下意识地偏向优等生，批评、处罚的程度会稍微轻一些；反之，对学习成绩差的学生，往往会更严厉一些。学生都有一双明亮的眼睛，小孩子的心都是透亮的，你的一举一动，你的一言一行，孩子们会作出明确的判断。所以，这样的批评，往往让学生觉得教师很不公平，从而不愿意接受教师的批评。我们应当公平、公正地对待每一位学生，在学生心目中树立一个公正严明的形象，每一次学生犯了错误都能够真心接受指正和教育。这样，班主任管理班级就会更加得心应手。

（2）合理的动怒是必要的。

班主任在运用批评的方法教育学生时，除了温和的语言外，在必要时也可以动怒，如此一来就可以令犯错的学生受到震动。如对明显的错误还拒不认错的学生，班主任动怒可以令学生感到问题的严重性。反之，对学生的错误放任自流，轻言细语地批评教育有可能是无效的。当然，要注意的是，这里所说的动怒不是强烈的粗暴，而是恰到好处的动怒，如此方能收到满意的效果，让学生思想发生变化，进而改正错误。

（3）批评处罚的方式要因人、因事而异。

学生个性不同，对教师的批评处罚的心理承受潜力也有区别。因此班主任的批评处罚的方式要考虑学生的具体情况，如学生的气质、性格、家庭背景等，进而采取相应的批评处罚方式，切忌"一视同仁"。比如对于性格倔强的学生，班主任运用高亢的语调批评，或许会令其震动，正视并改正自己的错误或缺点。反之，如果是性格内向的学生，或许会令学生感到恐惧，失去信心，更加萎靡不振。

同时，批评处罚学生时，不仅要考虑学生的个性，还要考虑到学生所犯错误的性质、影响的范围。如果是错误严重、影响范围较大的学生，班主任就要在班上公开处理，以达到"敲山震虎，防患未然"的效果。如果影响范围较小，当事人不易辨清的错误，理应采取委婉、含蓄、暗示的方式表达班主任对错误的态度，引导学生引以为戒，让学生从班主任模糊语言中找到自己的不足，避免类似的错误再次发生。

2. 运用处罚艺术的注意事项

权威与处罚的运用，应兼顾法则性、价值性、认知性、自愿性。可见，正确的处罚方法的运用，是取得良好教育效果的关键。班主任在运用处罚教育方法时应遵循以下几条：

（1）实施处罚应公平一致。

所谓公平，即"教师面前，所有学生一律平等"。平等不意味着没有差异，而是要综合考虑多种因素。如果两名犯错误的学生行为形式完全相同、动机也相同，则处罚不应有所区别，这样才叫"公道"与"公平"。处罚应有理性客观的原则可循，才能达到一致性目的。在日常管理过程中，教师往往不够公平，犯同样错误的两个学生，教师容易受一些因素的影响而区别对待，比如，学生是教师朋友或学校同人的孩子，或者某个学生学习成绩特别优秀，即所谓的"好学生"，等等。

（2）处罚应注重个别差异。

公平并不是毫无差异地处罚，而是要针对个体差异灵活对待，否则是一种缺乏人性尊重的粗鲁行为。在不违反一致性和公平性的原则下，要考虑到学生的差异，比如，同样是两名学生上课迟到，一位可能是身体不舒服，拉肚子；另一位可能是行为习惯差，经常迟到。在这种情况下，教师应对二者的处置有所差异。

（3）建立良好的师生关系。

师生间浓厚的感情与融洽的关系，是有效惩罚的基本条件。因此，教师应努力去建立师生间的和谐关系。皮德里认为："当教师以爱和关怀赢得学生的信任时，学生便会很主动地将自己的经验向老师倾诉。"若是师生关系不好，则教师对学生的惩罚，很容易引起师生冲突。哲学家卡谬曾说过："请不要站在我前面，我不会跟随你；也不要站在我身后，我不愿领导你；请站在我旁边，让我们做朋友。"但教师应注意与学生保持一定的距离，过度的亲密关系，反而易引起不必要的困扰。

（4）处罚应有教育价值存在。

教师应为"教育"而处罚，非为"处罚"而处罚，皮德里说："爱、信任与人际关系的教育，是其他更专门的教育活动的重要基础。"以爱为教育出发点的处罚，才算是教育的本意。处罚的缘由一定是学生违反了纪律或班级行为规范，而处罚的实施必定是学生可以接受的，且可以阻止学生不当行为的再次发生。如学生课堂期间故意干扰同学，可以令学生暂时起立，以中止其干扰行为或罚其劳动服务等。

（5）处罚要有法可依。

有法可依是实施处罚的前提，对学生实施处罚，不但要让学生知道"对"和"错"，还要让他知道处罚的标准，要先有规矩，后有惩罚，不可随意而为。现在的学生守则、行为规范只告诉学生该怎样做，却没有规定不这样做怎么办，为此，班级要形成自己的"班级法规"，而这种班级"立法"的过程本身就是教育的过程，"法"要由学生自己来确定，最后由师生集中敲定。只有这样，才能最大限度地调动学生参与"立法"的主动性，最大限度地调动学生守"法"的自觉性和维"法"的积极性。

（6）实施处罚时态度要正确。

处罚是教育的一种辅助手段，其目的是教育学生。因此，惩罚过程中要避免人身攻击，强度要适当，切不可实施体罚，首先班主任要明确自己面对的是学生，他们所谓的错，只是错，而不是罪，对他们所进行的"处罚"，只是在取得学生自己认同的前提下，所采取的帮助其增强自控能力和责任的一种方式。其次，对他们的处罚要充分尊重学生的权利，不得伤害学生的身体和心理，最好是"引而不发""不战而屈人之兵"，起到威慑的作用，同时要随时调整和控制好自己的情绪。

（7）处罚要有时效性。

处罚要在学生违规后立即实施，事过境迁，效果就大打折扣了。犯了错误一定要进行处罚，对于学生的错误，无论是故意的，还是无意的，都应得罚，这有利于培养学生承担错误的勇气和责任心。

（8）处罚要有时限性。

处罚要"对事不对人"，一事一清，不搞"秋后算账"。班主任要让学生明白，处罚与关爱并存，它所针对的是学生的不良行为，而非学生本身，处罚是使其明理、知错，让其承担责任。千万不要让学生形成"我是坏学生，大家都不喜欢我"的错误印象，以免其自暴自弃。班主任要让学生明白——人非圣贤孰能无过，知错就改也是一种美德。

（9）处罚要有灵活性。

处罚要根据不同的时间、场合、违规程度以及被罚对象的性格类型等，机智灵活地选择不同的惩罚方式，而不能一成不变、千篇一律，造成孩子自尊心受到伤害。比如，对于故意与过失违纪学生，对于初犯和屡犯，对于性格内向和外向的学生，处罚的程度及方式都应该有所区别。

(10) 处罚要与说理、沟通、感化、激励等教育方式相结合。

处罚是教育中不得已而为之的行为，只是一种辅助教育手段，不能替代教育，应先教后罚，以罚促教，不可不教而罚，以罚代教。为此，在处罚学生之前，班主任首先要进行全面深入的调查，了解事实真相，然后才能有效地进行处罚，并且要耐心听取学生的"申诉"，尤其是学生"不服气"时，更应该让学生说出自己的想法和理由，然后再决定是否实施处罚和实施什么样的处罚。同时，处罚后要及时沟通，即要做好实施处罚的"善后"工作，这一点非常关键，"打一巴掌再给个甜枣吃"，这话听起来虽有点俗，却不无道理，班主任千万不要忽视了这个环节，要让被处罚的学生明白：不管怎样，教师是爱他的，同学们是爱他的。

(11) 处罚要取得家长及其他老师的支持。

有句话说得好："在校教育一整天，不抵回家吃顿饭。"这话虽然有些夸大，但也确实反映出了教育"孤掌难鸣"的尴尬现状。学生犯错误经过教师的教育后，本来已经反省到位了，可有时家长一挑动，学生立刻又觉得冤枉委屈了。因此，处罚教育犯错误的学生在取得学生基本认同的同时，也要取得家长的认同和支持，学生的发展才能有一个良好的环境。

专题六

突发事件处理艺术

诚如马卡连柯所说,"教育技巧和必要特征之一就是要有随机应变的能力。"因此,作为班主任,每天面对着许多需要去处理解决的事情。在这些事情中,往往有很多是突发事件,而如何处理班级的突发事件,关系到一个班级的稳定发展。因此班主任的突发事件处理艺术相当重要。

教育故事

64个红包

名师桂贤娣老师认为：爱学生是教师的天职。但是，光有爱心是不够的，更重要的是"会爱"。真正的爱是"智慧的爱"，是恰到好处的爱，是能够激发学生真挚情感的爱。作为教师，对待有过失的学生，如果采取简单的惩罚手段，往往无法取得好的效果，因为改正错误需要勇气和力量，而这些常常来自教师的信任和期望。桂老师认为，不犯错误的学生是没有的，反而学生犯错的时候往往正是教育的最佳时机。因为内疚和不安使他们急于求助，这个时候教师不仅要宽容学生的过失，而且要相信他们一定会改正，最重要的是为学生保密，免其自尊受损，这会使学生终生难忘。

桂老师的班上曾经发生过这样一件事。新学期开学，由于刚过了寒假，加上一个春节，孩子们兴高采烈，班里相当热闹。大家聚在一起，互相讲着各自的假期和春节的快乐。说着说着，大家就提到了春节收到的压岁钱。于是学生小浩拿出一张新版的20元人民币炫耀着让大家看，以证明自己获得的压岁钱最多。看着小浩的那张20元钱，不少同学都感到格外羡慕。

上午的课很快开始了。课间开始做广播操了，全班同学都先后来到操场做操。广播操结束后，同学们又列队回到班级，准备上课。就在这时，一声尖叫响起："谁偷了我的钱？"只见小浩在自己的桌斗里翻着，书包里的东西全倒在了桌上。可是20元钱就是不见了，小他就要急哭了！桂老师及时赶到，问明情况后，桂老师先安慰小浩的情绪，让他在位置上坐下来，然后对着全班学生慈爱地说：“有哪位同学拾到了刘浩的20元钱，请还给他，桂老师和刘浩将不胜感激。"结果大家你看我，我看你，半晌没有反应。见此，桂老师没有坚持下去。

中午休息时，桂老师去校商店里买了64个红包。接着，桂老师回到班级，一边将红包发给同学们，一边和蔼地说：“桂老师相信同学们，请大家今天回家后，把该装进去的东西装进去，明天早晨直接把红包交到讲台上来。"第二天，64个红包如数收回，而那张新版的20元就在里面！

"直到今天，我都不知道这个孩子是哪一个，但这并不重要，重要的是给了孩子一次改错的机会，孩子一定会铭记终生。"桂老师就是这样尊重和信任她的学生们。对待学生们的过失，她绝不轻易采取任何惩罚手段，并为其保密，"宽容孩子，信任他能改正，那么他就一定能改正。"

一、突发事件及其背后的问题

在班级管理中，所谓突发事件，就是指班主任在上课及日常的班级工作中所遇到的一些突然的出乎意料的事情。比如学生之间的冲突、学生与老师的顶撞、学生的突然的情绪表现等。

1. 突发事件的种类及特点

这种事件由于出现的突然性和难以预测性，因此会产生较大的负面影响。具体来说，这种事件的类型和特点多种多样。

（1）突发事件的种类。

突发事件因事件发生时涉及的人数的不同，分为个人事件、两人事件和群体事件三种。

个人事件，是指发生在学生个人身上的事故，这些事故的发生是由于学生自身原因造成的，如学生在班级活动或学校活动中，由于不注意安全而引发的身体失衡摔倒或乱嚷乱叫，对班团活动产生负面影响以及学生因为受挫而发生自杀、生病、伤亡等。

案例

这天晚上，四年级（2）班的学生小A在晚饭后的洗浴时间玩耍奔跑的过程中脚底打滑，刚好撞到综合楼前面的墙角处，头被撞破，流了许多血。班上同学闹哄哄，个个紧张兮兮，学生小B连忙气喘吁吁地跑去向班主任邵老师汇报。

两人事件，是指学生个人与其他学生或教师以及其他工作人员发生矛盾，引起冲突，如学生之间的矛盾引起的吵架或打架、学生与教师之间的矛盾等。

案例

某日，学生小A在早读下课期间，趁教师W离开教室时，从身上拿出长约30厘米长的钢刀，尾随在教师W后面就砍过去，教师W没有防备，受伤后逃跑，但是小A仍在走廊上追砍不停。尽管经闻讯赶到的老师及学生的拦截，小A仍然造成教师W左、右手手臂及右肩部被砍3刀。

群体事件，是指集体性的事件，人数在3人以上，如集体骚乱、群体性示威、闹事、群殴等，尤其是校外发生突发性事件，最难处理。这种群体性突发事件对学校、家庭和社会造成极其恶劣的影响。

案例

2017年12月29日11时许，某县第三中学高三学生小A与高一学生小B在打篮球过程中发生纠纷，经他人劝解后各自离开。15时许，小A与同学小C、小D等多人对回家途中的小B进行质问。在此过程中，小A等人与小B及同行一名同学发生冲突，冲突中小B持刀刺伤多人，致1人当场死亡，1人送医抢救过程中死亡，7人受伤住院治疗。

（2）突发事件的特点。

突发事件给学生个人、班级和学校甚至家庭和社会均造成极其恶劣的影响。那么，学校突发事件具有怎样的特点呢？

第一，未知性：突发性事件在发生过程中存在着极大的隐蔽性。青少年学生的身心发展正处于青涩到成熟的过渡期，其内心逐步封闭这一特点决定了突发性事件的未知性。比如在学校组织的运动会或其他大型活动中，班主任难以预测班级会发生什么事，会发生在哪个学生身上。

第二，突现性：即突发出现。根据因果联系，借助于外表现象，我们可以预测结果。不过由于观察不够仔细，极易造成结果的预测错误。所以，当人们还未来得及了解事件发生前的状况时,事件的发展就急剧变化,这种由量变迅速达到某种质变,以至于事件急剧从初发到高潮,给人以迅雷不及掩耳之势的感觉。

第三,多样性:突发事件的类型多样,有的涉及个别人,有的关联到整个集体。而这些不同类型的突发事件,均会带来极大的危害。

第四,破坏性:即突发性事件对个人、班级、学校、家庭甚至社会均会造成破坏。突发性事件涉及的范围和程度尽管有大小之分,但与一般性事件相比,突发性事件往往具有更大的影响。由于突发事件是突然发生难以预测,因此极易引发更大的影响。比如一些群体性突发事件或恶性事件,就会给学校教育和教学造成严重的负面影响。一些对个别人的,会给个人的思想品德、个性和身心健康造成巨大的影响,有的甚至会产生不少意想不到的严重后果;而关联到班集体的突发事件,则会使班级产生震荡性的效应,引起全体学生或大多数学生思想情绪上的强烈震动,处理不当,会造成混乱而难以收拾的局面。

2. 突发事件发生的原因

班级突发事件的形成和发生主要有三个方面的原因:学生本身因素、教师的教育失策、环境因素。学生本身因素是内因,而教师的教育失策和环境因素皆属于外部因素。

(1) 学生本身因素。

突发事件的发生与学生本身有着直接的关系。这其中就包括生理和心理两方面。就生理方面而言,一些学生神经发展迟缓或神经功能障碍造成学生的"多动症",这就是心理学上所说的脑功能轻微失调现象。这一现象容易导致学生注意力涣散、活动过度、冲动任性,从而难以控制自己的行为,出现活动过多、大声怪叫等不良行为,成为突发事件形成的原因之一。但是实际上,学生由于生理障碍引发的突发事件并不多见,大部分突发事件是由于学生的心理因素造成的。这种由于心理因素导致的突发事件,一般是由于学生寻找关注和心理失衡引发的。

(2) 教师的教育失策。

班级突发事件的发生与教师的教育失策也有一定的关系,一些突发事件的发生或许是因为教师直接造成的,是教师教育失策导致的。教师的教育失策主要表现为以下两点：一是教师错误的教育观和学生观；二是教师管理失范，主要表现为教师的管理理念落后和管理方式不当；三是教学的偏差。

（3）环境因素。

班级突发事故的发生还与环境因素有关。这里的环境因素包括家庭环境、社会环境和学校环境三个方面。

家庭环境是指一些家庭教育观念存在误区，表现为对孩子的教育简单粗暴；在家庭教育目标上重智轻德，只关心孩子能否考高分，而对引导孩子如何做人，怎样让孩子富有爱心、责任心则重视不够；家庭环境不理想，家庭结构存在缺陷，如离异家庭、单亲家庭、留守儿童家庭；家庭生活方式、人际关系和心理气氛不正常。

社会环境诱因是指学生受到社会上不良大众媒体的直接影响，网络的负面影响和社会上不良群体的影响、教唆。

学校环境原因是指学校的校纪校规、奖惩制度、全体教职工的素质和对学生的态度、学校的心理指导和咨询体系、校长和中高层领导的管理方式、学校的办学理念、校园文化等都会影响学生的行为。

3. 突发事件处理的前提

案例

下午公共自习课上，男生P与女生S发生争吵，继而该男生甩手打了女生S一记耳光。闻讯后，班主任W老师立即赶到班内。见W老师来到，这两个学生都在替自己辩解，为自己开脱。W老师没批评他们任何一人，而是让两人到办公室等自己，随后，W老师向其他同学了解了事情经过。原来这一突发事件起因于男生P与同学说笑打闹，无意中撞到女生S，且没有向其道歉。女生S便上前质问并要求道歉，男生P不仅不承认还起哄辱骂女生S，女生S情急之下推了男生P，该男生觉得失了面子，便甩手打了女生S一记耳光。从中可以发现，该起事件起因于班级内的一件小事，并且主要原因在于该男生。

了解事情的起因后，W老师回到办公室得知女生S已经给其家长打电话来校。考虑到男生平日较为霸道，W老师也给其家长打电话来校，便于更好地教育引导他。在此期间，W 老师先单独与男生 P 沟通，动之以情、晓之以理地使其认识到自己的错误，并且使之主动向女生 S 道歉。考虑到马上面临模拟考试，女生 S 也接受了道歉，并且要求男生 P 当全班同学的面进行道歉。男生 P 考虑后表示同意。随后，W 老师对该起突发事件进行总结，希望同学们互相体谅、互相宽容，避免此类事情的再次发生。

没想到的是，就在 W 老师以为此事得到圆满解决时，女生 S 的家长赶到。由于这位家长平时比较溺爱孩子，听说孩子被打以后，就生气地质问男生："如果我打你一巴掌，你愿意吗？"结果男生 P 便回了一句："你打我试试？"顿时，两人又吵了起来。就在 W 老师进行处理时，男生 P 的家长进了办公室，女生 S 的家长就气呼呼地质问："你是怎么教育孩子的？"结果可想而知，两位家长当着孩子的面又吵了起来。

针对衍生突发事件，W 老师首先叫两个孩子离开办公室到外面等待，让两位家长保持冷静。其次，W 老师把当时在场的几名同学叫来，让他们客观地把事情还原，使男生 P 的家长知道自己的孩子应承担主要责任；再把两人争吵的原因解释清楚。最后，在 W 老师的劝说和协调下，考虑到两个孩子马上要中考，双方家长冷静和理性地同意在孩子面前不再争吵，并且各自反思教育自己的孩子，由孩子引起的矛盾至此消除。两天后，两个孩子和好如初，经常互相学习，共同进步。

案例中的 W 老师处理的是两个突发事件。由这两个突发事件的处理过程，我们可以看到，突发事件处理得好，会化消极因素为积极因素，处理不当，则会产生不良的后果。下面，我们结合上述案例，明确处理突发事件的前提。

（1）冷静自制，尊重体谅。

作为教师应善于调节控制好自己的情绪和行为，尤其是班主任更应注意不能把个人的情绪带到突发事件的处理中，许多突发事件本来就是在学生的一时冲动、失去理智的情况下发生的，班主任如果一遇到突发事件就感情冲动，不分青红皂白地训斥学生，只会使学生产生更大的反感和逆反心理，最终达不到教育学生的目的，反而可能把事件弄得更糟糕，从而使学生的心灵留下难以弥合的创伤，造成师生关系紧张乃至产生对立情绪，从而给班级工作带来更多的困难。反之，如果班主任在耳闻目睹突发事件后，能站在教育者的角度，善于克制自己的情绪，冷静思考，充分尊重、体谅学生，变"牧羊人"为"领羊人"，则效果就大不一样了。

（2）耐心细致，全面了解。

由于一些突发事件的发生较为频繁，班主任也经常被这些事情弄得身心疲惫，因此处理事情时的耐心细致就显得尤为关键。班主任了解情况要详细，要深入了解事件的前因后果，并且加以科学分析，根据问题的性质进行相应的处理，这样面对学生才会言之有据、言之有情、晓之以理，才会使学生口服、心服，从而收到良好的处理效果。

（3）就事论事，掌握尺度。

处理突发事件，一般应"就事论事"，不要东拉西扯、搞牵连。如果学生犯了错误，班主任把以前旧账再翻过来一起算，会让学生觉得班主任小题大做或者故意跟他过不去，导致影响问题的正确解决。

（4）有的放矢，因势利导。

突发事件的经常发生，给班级带来的影响是很大的。班主任在处理突发事件的过程中，还应高瞻远瞩，不要只满足于某件事情的暂时解决，应有的放矢地适时地对全班学生加强教育，因势利导，抓住契机，提高学生的思想认识，引导他们从内心严格要求自己，达到防患于未然的目的。

二、处理突发事件的方法与技巧

突发事件一旦发生，避无可避，身为班主任就一定要采用科学的方法和技巧，将事件的伤害减到最小，将影响减到最小。为此，班主任不妨采用以下方法，科学地处理突发事件，从而让教育和教学走上和谐健康的发展轨道。

1. 以退为进，冷处理

发生了突发事件，学生犯了错误后，班主任有时可有意"冷落"，耐心"等待"，以退为进，有时会收到意想不到的好效果。这种方法就是冷处理法。由于此方法在解决突发事件时的效果显著，因此我们重点予以讲解。

● 案例

中午就餐时间，学生小成与小豪因为午餐排队分别与别的同学发生冲突，影响非常恶劣。当时韩老师也正在吃饭，看到小豪将碗筷扔到地上后，也火不打一处来，本想冲出去好好教训他一顿，可最后韩老师忍住了。韩老师不动声色，吃着饭，什么也没做。

还没等韩老师吃完饭，学生小威也因为打汤插队与小成发生口角，小成甚至出手险些将小威推倒，还不停地大声吵闹，打算与小威动手。韩老师立刻阻止了小成，并让其他同学回到教室，留小成一人站在外面的走廊上，什么也没跟他多说。

冲突发生之后，韩老师没有理外面站着的任何人，直到做完教室内外的清洁卫生。等一切忙完，他们也冷静得差不多了以后，韩老师把小成和小豪叫到自己跟前，既没有问他们为什么与同学发生冲突，也没有严厉批评他们，反而跟他们聊了聊朋友如何相处，聊到了他们自己在班上的朋友，最后韩老师才问他们值不值得因为这一点小事情与同学大打出手。韩老师没有要求他们一定要回答，只给了他们一点思考的时间，他们都觉得不好意思了，韩老师便让他们回座位了。

在这个案例中，韩老师处理突发事件的方法就是冷处理。须知，在学校，同学之间发生矛盾是很正常的事情，一般的老师面对这种事情时，会冲动处理，既无法解决问题，还影响师生关系。实际上，冷处理是极好的解决问题的办法，可以给学生和老师思考、冷静的时间，问题反而更好解决。

（1）冷处理的意义。

用冷处理的方式解决突发事件，对于班主任来说，可以起到相当大的作用。具体来说，这一方法的意义体现在如下几方面：

第一，可以缓和师生间的紧张关系。冷处理因其距离感的保持，会部分地消解掉老师和同学之间产生的负面情绪，缓和师生的关系。让教师和学生都有空间和时间来思考自己对待问题的态度，解决问题的方式。在相互理解和互相尊重的基础上，建立起和谐的师生关系，而不会把关系恶化，让事件僵化。

第二，体现班主任的尊严和修养。所谓的"师道尊严"并不仅仅是教师这个身份赋予教师的，教师也应该通过自己的实际行动来丰富这个词语。当我们希望学生能成为"谦谦君子、窈窕淑女"的时候，自己也不应该气急败坏地责骂学生，能否采用智慧的方式解决问题，这本身就是教师教育能力的体现。"冷处理"能够让学生平心静气，也能够让教师在焦躁中冷静，来反思自己的行为，提高自身的修养。

第三，教会学生处理问题的方式。教师是学生的一面镜子。学生在这个镜子中能看到自己的发展。因此，教师处理问题的方式，教师的轻重缓急，教师的在乎与否都会对学生的为人处世带来重要的影响。当学生看到自己的教师温文尔雅地解决棘手的问题时，相信他们也会不自觉地要求自己举止得体、谈吐文雅。一个没有特点的教师，是教不出有特点的学生的。同样，一个不懂如何处理问题的教师也不会教会学生如何面对生活。希望能有更多的教师在日常的工作和生活中，能以自己的谦谦之举，让学生获得内心的约束力。

苏霍姆林斯基也曾说过："在影响学生的内心世界时，不应挫伤心灵中最敏感的一个角落——人的自尊心。"自尊是个体对自己身体、能力、表面、社会地位与角色等感到满意的一种心理状态，处于心理断乳期的青少年，有着很强烈的自我主导和发展意识，有着很强的自尊心，渴望表现自己，渴望被人们认可，渴求平等、尊重、自由，更愿意班主任尊重他们，给他们自己解决问题的机会。当突发事件发生时，班主任与其与学生针锋相对，不如退一步，让学生冷静下来，不但保护了学生的自尊心，也表明了自己的态度，更让学生去反思。

所以，一旦班主任采用了冷处理的方式，就是将"师生平等"的理解真正地落实到生活实际中去。如此一来，学生个体体会到了自己被认可的价值，其存在的方式得到尊重，如此才有可能真正做到师生和谐相处，从而更准确地阐释"德高为师，身正为范"的内涵。

（2）冷处理的适用情境。

正如每个钥匙都能打开一把锁，每种处理问题的方式如果运用恰当，都会使问题迎刃而解。那么，在什么情况下采用冷处理的方法解决突发事件呢？

情况1：不明原委时。

在班集体中，学生个人的行为并不单纯地表明学生个人的思想，特别是在一些复杂的突发情况中，学生的解释和处理会受到一些外在因素的干扰。因此，在遇到这类问题时，班主任切忌偏听一词，这会过分强调单个学生或是老师的私人情感，而忽略了事情的真实性和客观性，在这种情况下"仲裁"的话，会产生不少的"冤假错案",进而委屈学生,使之对班主任产生了强烈的不信任情绪。

情况2：棘手难解时。

学生受教育的过程就是他们成长的过程,而在成长的过程中,有一些学生显得十分懂事,也难免有一些学生总像是成熟不了。他们接受问题和理解问题的程度受到家庭、学校、社会等多方面的影响。很难要求一个原则特别是学校的某一规定每个学生都能理解并遵守,在这种情况下,班主任和学生一旦对立,班主任就像是"秀才遇到兵",有理也说不清了。对于这种棘手难解的问题,班主任不妨先冷却一下,告诉学生你的态度,给他们一个自我思考的空间,当你有了更好的策略来解决问题的时候,你甚至会发现有的学生已经"无师自通"了。

情况3：个性独特。

在与学生沟通的过程中,班主任常常会发现一些学生"不怕骂",一些学生"骂不怕",一些学生"怕不骂"。有些学生,老师还没找其谈话,就已经哭哭啼啼;而有些学生,即使面对再严厉的老师,也还是嬉皮笑脸的。因此,班主任在运用冷处理解决突发事件时必须考虑到学生的性格因素。

通常的情况下,对于一些特别爱"对着干""唱反调"的学生,班主任可以适当地采用"冷处理",让他们的故意捣乱变成没有呼应的闹剧,他们自然也就像泄了气的皮球,打不起折腾的劲头来了。

(3) 冷处理的具体运用。

冷处理的方法不但需要明确情况,清楚学生的个性,还要注意科学地加以运用。一般来说,在运用这种方法时要注意以下几点：

第一,要洞明原委。相当多的班主任在突发事件发生时会说出"×××肯定不会做这件事情的""这件坏事肯定是你做的""以我对你们平时的了解"……由此可见,这些班主任在言语间对学生已经非常明显地贴上了惯有的"标签"。班主任必须认识到,长期的表现可以反映一个人的大致品行,但不能依照所谓的一贯表现来解决问题,就事论事才是明智的选择。为此,班主任要怀着一种发展的眼光来看待学生,遇到突发事件,不要急于做出决断,而应先多听听学生的解释和看法再下结论,只有这样,处理起问题才会游刃有余,也才会让学生心服口服。

第二，单独解决，给予空间。这是指，班主任要认识到，面对学生的问题时，给予一定的时间和空间，使其缓和下来，更利于事情的解决。

案例

学生小 A 急忙跑到办公室找赵老师，说值周班长和学生小刚发生了冲突。赵老师赶到班级，看到小刚和值周班长怒目相对，一副要动手的架势。赵老师什么话也没说，先让小刚回到自己的座位，同时让值周班长继续手中的工作。接下来，赵老师在了解情况后，清楚了小刚和值周班长的冲突是因为小刚没穿校服，班长说他，于是小刚一气之下就要动手打值周班长。之后，赵老师将小刚叫到教室外，问的第一句就是："你今天忘穿校服了吗？"小刚愣了一下，说："嗯，校服……我校服脏了，昨天晚上洗了没干，明天我一定记得穿。"赵老师沉默了一下，没再多说，对小刚说："好了，马上快上课了，抓紧进教室吧，下课后来找我。"

下课后，小刚来到赵老师面前，非常坦诚地跟赵老师说了他不想穿校服是因为校服不好看，而值周班长态度恶劣，自己下不来台，才和他吵起来。赵老师让他试着站在学校和班级的角度来考虑穿校服的问题，让他设想一下全校同学穿得五颜六色、很时髦的样子后，他禁不住笑了，告诉赵老师："老师，我知道我们应该选择符合我们身份的最佳穿着。"接着，赵老师又让他试着站在值周班长的角度考虑这件事，他也明白了自己的错误，主动向值周班长道歉。

上述案例中，赵老师就采用了冷处理的方法。先是在让冲突的双方各自回到自己的位置，接着在了解情况后，用一句简单的"忘穿校服了吗"向学生小刚表明了老师对于穿校服的态度，又让小刚感受到了老师的关怀。随后在他支支吾吾难以回答时，先把问题暂放一边，而在课后的处理中则有针对性地帮助小刚思考问题，引导其认识。

第三，要尊重学生个性。每一个学生都有着不同的经历和个性，教育应该是适合学生发展的教育，因此，在遇到突发事件时，班主任在运用冷处理方法前，要考虑到学生的心理感受，然后再针对学生的个性决定是否采用这种方法。比如个性内向且自尊心极强但又极自卑的学生，无论是对其表扬还是批评，他们均不希望教师在全班同学面前提及他们的名字。因此，遇到这种学生做错事的时候，班主任要保护其心理，不在同学面前对其加以批评，而是要在课后与之谈话。在一对一的交谈中，学生可以放松下来，从而利于其成长。

第四，在冷处理后要及时善后。冷处理作为一种非常规的问题解决方式，并不能够"冷酷到底"。冷处理后的工作一定要做，而非任学生放任自流，将问题打入"冷宫"。须知倘若班主任面对突发事件采用冷处理的方式，后来却因为工作忙、忘性大等原因使发生的事情不了了之，那么就会在下一次碰到类似事情的时候，埋怨学生的不长记性，甚至可能为此大动肝火。于学生而言，他们不曾认识到这是教师的一种处理问题的策略，而误以为这是教师的听之任之，自然不会吸取教训。而于教师而言，不曾认识到"冷处理"只能作为某一个特定阶段的措施采纳，需要在"冷却"之后有相应的理性、冷静的交流，否则就会前功尽弃。因此，冷处理后，班主任要因势利导，在认真地谈话之后，使学生在思想认识上有一个发展的飞跃，巩固教育效果。

（4）冷处理方法的运用原则。

冷处理的方法对于处理突发事件的确可以起到极其重要的作用，但在运用时，班主任还要注意以下原则：

第一，一视同仁的平等态度。班主任要清楚，"冷处理"不等同于"无动于衷"，不等同于"听之任之"，它不是冷淡、漠视的个人态度，而是策略、精妙的处事技巧。因此，必须明确地把处理原则和态度看法区分清楚，对于学生，要怀有教育的激情，不要因为几个突发事件就妄下论断。殊不知，学生最难过的不是教师的批评有多严厉，而是教师对自己彻底丧失了信心。把握了这一个基准点，班主任就应该在实际问题的处理上多加注意，不要给学生带来"老师不愿意管我"的心理，而是要通过自己的处理措施使他们明白这是教师给予自己的成长以更多思考空间的教育方式。

第二，要体现外冷内热的情感关照。冷处理，"冷"是处理方式，而非情感态度。班主任大可不必因为采用了冷处理就板起面孔，不苟言笑，冷处理仍然可以在严肃而又不乏亲切的态度下展开。否则，学生的思考重心很有可能偏移到诸如"老师不理我了""他看不顺眼我了"等猜测中去，而不会就突发的问题的本质和解决方略做更深入的思考。因此,"外冷内热"是班主任在采用冷处理时需要时刻提醒自己的。

第三,要注意体现自己内外兼修的道德素养。冷处理环节中,班主任切不可以不顾及自己身份地发脾气,即使不是争吵,也不应该是脸红脖子粗地跟人诉苦,更不应该是悲观失望地扔教科书,或无所谓地摔门而去。这种激烈的行为,并不能让突发问题真正地"冷却"下来,反而会使矛盾激化。并且,班主任的一言一行都是学生眼中的榜样,因此,班主任需要时刻注意自己的言语,不说过分的话,不做过激的事情,要能够体现出"内外兼修"的道德素养。

2. 适当移情,巧妙应对

班主任在面对比较复杂的突发事件时,必须有计划、按步骤地进行。为此,在事件发生的初始阶段,借助于正当的方式进行"移情",不但可以疏散双方的矛盾,而且可以达到以静制动的效果。

案例

班主任李老师正在班会上总结本周的班内情况,突然两个学生在课堂上打了起来,双方处于对峙状态。于是李老师将正在讲的班级情况顺势改为:"本周我们会将大家的作业情况纳入检查范围,现在请大家先将作业本拿下去。小A、小B……"于是正在对峙的二人听到老师在叫自己的名字,就停止了对峙。这样一来,事件得以缓和。班主任在班会结束后,就此事与他们进行讨论,并帮助他们认识到各自的错误,解决了冲突。

案例中李老师采用的就是移情法,也可以称之为转移法,就是根据矛盾的学生双方都具有关注自己切身利益的心理特征,用某一事实令学生将注意力从矛盾冲突的事物或现场转移到另一非矛盾的事物上,以缓和或消解矛盾。

3. 不妨幽默,缓解矛盾

老舍说:"幽默者的心是热的。"事实证明,运用幽默的方法,可以收到比呆板、枯燥、单调的说教更好的教育效果。因此,当突发事件发生时,倘若班主任能巧用教育智慧,幽默处理,不但利于缓解矛盾,而且可以避免事态升级。

班主任的教育艺术

案例

一周结束了,小组同学正常要移动桌椅,交换位置。班会结束后,肖老师正在和班长交代事情,学生小A和小B却为了争课桌之间的空隙宽窄而打起架来了。这时,肖老师将双手举起,佯装喊道:"别打了,我投降!"学生们见状,都大笑起来,就连打架的小A和小B也停手笑了起来。接着,肖老师为大家讲了一个故事:从前,两家人为了一堵墙的占地问题发生了纠纷,双方争执不休。其中一家人写信给远方做官的儿子,让其动用关系干涉一下。结果儿子回信时写了一首诗:"千里信书只为墙,让他三尺又何妨。长城万里今犹在,不见当年秦始皇。"故事讲完了,同学们都沉默了,小A和小B也不好意思地低下了头。从此之后,班里争东西的现象再也没发生过。

在这个案例中,这位班主任就是利用了幽默的方法,先将矛盾排除,然后借一个故事向学生讲明道理。这种方法在遇到一些非原则性的突发事情发生时,可以起到极好的作用。

4. 逆向引导,关注心理

在班级突发事件中,一些突发事件是由学生群体造成的,这些群体事件就其性质来说,并非打架斗殴一样严重,只是一些生活中的小细节,但倘若教师不注意处理好,同样也会影响到班风和学生的成长。

案例

某中学相当重视学生的仪表风貌,要求男生不能留长发,经常要对学生的头发进行检查。然而初三(3)班的男生中的七人竟然在一个早上集体剃成了光头,以对抗校规中"男生不理长发怪发"。这一统一行动让他们一到学校,就令教室里乱成了一锅粥。班主任夏老师并没有简单地斥责他们,而是说:"同学们,这件事,老师认为只能说明两个字,我们班的同学'心齐'。"光头的学生顿时热烈鼓掌。随后,夏老师接着说了什么人在什么情况下会剃光头,这是一部分人的生活需要。接着,他引导说,剃光头不算违反校规,但中学生理应朝气蓬勃,仪表堂堂,剃光头不但不美,而且七人一起行动是消极抵抗校规,要批评。为了让同学们表现心理充分暴露,夏老师还提出与剃光头的学生合影。

案例中，班主任夏老师处理突发事件时，采用的就是逆反心理调解法。诚如马克·吐温所说："亚当并不是因为喜欢吃禁果才去偷吃的，而是因为被禁止才偷吃的。"面对学生的问题，堵不如疏。须知，逆反心理是青少年的固有心理，面对他们在这种心理驱使下做出的突发事件，班主任与其生硬地规定其做什么或不做什么，不如灵活针对其心理，采用先顺后逆，来个180度大转弯，从而促其反省改变。

5. 感情触动法

所谓感情触动，是指针对学生的问题，从其心理出发，以情动人，在情感上打动学生，从而为后面的教育打下基础。

案例

早上，肖老师刚到办公室，班干部小A就找到他，提出辞职。无论肖老师如何做工作，小A都不想做班干部了。小A平时可以称得上是肖老师的得力干将了，这事情太过突然，肖老师认为一定事出有因。于是肖老师一面耐心地做小A的工作，一面深入学生中去了解情况。原来，小A在维持班级纪律时，不注意工作方式和方法，自习课班里纪律不好，他就粗暴地拍桌子或者大吼几声以示警告，同学们对他颇为不满，这让他很苦恼，又感到很委屈，于是才干脆打退堂鼓。了解情况后，肖老师和小A一起分析事情的前前后后，引导小A换位思考，肯定他的工作动机的同时，指出他工作上的不足，并给他方法上的指导，于是小A解除了思想包袱，找到了方法，调整了心态，又愉快地走马上任了。

在这一案例中，肖老师就在了解事情真相的基础上，对小A的工作予以肯定，理解小A的想法，然后在小A心情平复后，与其分析问题，找原因，调整方法，进而解决了这一突发事件。

三、处理突发事件的原则与注意事项

班主任在班级管理中，处理突发事件的方法还有很多，这其中需要班主任的教育智慧。但无论是怎样的方法，班主任处理突发事件时，必须深入了解学生现状，认真分析突发事件的特点，深刻认识把握育人的本质特点和规律，结合学生

心理特点，遵循以下的教育原则，注意一些注意事项，方能采取科学的行之有效的方法，创造性地开展工作。

1. 突发事件处理的原则

在一个班级中，突发事件都不同程度、不可避免地存在着，如何处理班级内的突发事件，关系到一个班级的稳定发展，也反映出作为班主任的管理能力和艺术。处理突发事件，一看能力，二凭经验，这是班主任教育机智的一个基本体现。当然，处理突发事件还要遵循一定的原则，所谓原则既是班级工作实践经验的总结，也反映处理突发事件时对各种基本矛盾关系的调整与把握的基本规律。班主任只有正确地理解并掌握整个原则体系，才能在处理突发事件中立于不败之地，进而卓有成效地做好班级工作。

下面，让我们结合以下案例，具体理解突发事件处理时要遵循的原则。

案例

一天下午 3 点 12 分左右，张老师班上的小 A 在上完体育课返回班上时，被学生小 B 从后面大力一推，整个人往玻璃门方向撞去，头被撞破了，流了许多血。体育老师马上将小 A 送去了医院。班长小 C 气喘吁吁地跑到张老师的办公室，上气不接下气地向段老师汇报小 A 的事情后，张老师极力控制和稳定自己的情绪，马上安抚好班长和班里同学的情绪，并在说明原因的情况下，请同事帮忙照顾班级的体育课，并让班长配合看班老师维持班级纪律。处理完这些事后，张老师马上跑到了操场，确认小 A 已被送往医院。此时，体育老师打来电话，告诉张老师事情的发生经过，并说明小 A 现在的伤势，已经送小 A 到医院了。接下电话，张老师马上给校长拨电话，告知这件事，寻求校长的指示。接下来，张老师按校长的要求，马上给小 A 和小 B 的家长打电话，用不同的语气和两位家长说清楚事情发生前后，尽力安抚好受伤的小 A 的家长的情绪，建议伤人的小 B 的家长马上与自己一起到医院看望小 B。两位家长在张老师的和言善语中，也都纷纷赶往医院，先解决孩子的伤情，了解到小 A 需要在额头正上方缝 4 针。小 B 的家长是一个通情达理的人，他马上向受伤的小 A 的家长赔礼道歉，并说明孩子医药费由他全权支付。就这样，张老师和体育老师、两位家长一直陪同小 A 手术结束。

事后第一天，张老师就给小 A 的家长打电话，询问小 A 的状况，并和小 A 聊天，给他讲班级学习的内容。随后，张老师找到小 B，向他说明白小 A 受伤的严重，分析其行为，让他意识到自己犯下的错误，其实完全可以避免。两天后的下午，张老师与小 B 的家长进行电话交流，约定一起到小 A 家中探访。小 A 的妈妈虽然很心疼孩子，但却因为张老师和小 A 家长的行动感受到学校、老师及家长的真心。一周后，张老师与小 B 家长通了电话，就小 B 在小 A 受伤后产生的自卑和不安讨论如何帮助孩子认清错误，勇敢地接受过去，展望美好的未来。张老师请家长在家与小 B 聊天，引导孩子克服心理障碍，让情绪安定下来。随后，张老师与小 B 谈心，引导他向小 A 道歉，并私下与小 A 说了一些小 B 平时如何关心他的事件，让小 A 感受到其实小 B 并不是那么坏心眼儿地去伤害他的。最终，小 A 和小 B 和解了。

针对这一意外事件，张老师还在班里召开了主题班会，引导学生以"如何关爱身边同学"为主题，让同学们讲讲平常该如何去关心身边同学，以此慢慢地引导学生互亲互爱，快乐成长。

从案例可以看出，这位班主任并非经验丰富的老班主任，但在意外事故发生后，能及时寻找领导帮助，沉着冷静解决问题，并运用技巧消除家长的烦恼，让双方家长能心平气和地解决事情，减少了矛盾发生；同时，她意识到意外事故的发生对受伤孩子及弄伤别人的孩子同样会造成伤害，于是用爱心使受伤孩子病情好转，恢复正常学习，用爱心去教育和引导孩子，使他明白往后要注意什么。这一案例相当形象地将处理突发事件时要遵循的原则道出。

（1）教育性原则。

这是处理突发事件的首要原则。班主任必须抱着教育的目的和心态对待突发事件，本着教育从严，处理从宽，教育全班的精神，既不能一棒子打死，又不能草率行事。公平、公正地对待学生，用科学的态度深入了解调查，从动因分析到全面评估，这样才能达到惩前毖后的目的。

（2）目的性原则。

处理突发事件，目的要明确，既不能仅仅就事论事，敷衍搪塞；也不可小题大做，无限上纲。班主任面对的是全体学生，应该让受教育的学生本人明确教育帮助的目的，什么是错，什么是对，要达到什么样的目的，从根本上医治学生心灵深处的创伤。

(3) 客观性原则。

一个班级中的学生之间有很大差异，同一个学生有优点，也有缺点，那么就要求班主任在处理问题时，坚持客观性的原则，不能受班主任"定势思维"的影响，避免主观随意性导致处理问题不公，从而影响到学生成长和发展，使其越错越远。

(4) 针对性原则。

班主任应该在弄清楚事情的性质后再着手解决。用不同的方法解决不同的问题，不能用一种模式。注意事情不同层面的差别和不同个体之间的差异。针对性要强，切不可"眉毛胡子一把抓""一刀切"。太宽泛和针对性不强的教育形同虚设。

(5) 启发性原则。

学生接受教育不是消极被动的，应该是主观能动的。处理突发事件尤为重要的一条原则就是要随时注意启发学生改正错误的自觉性。班主任在处理问题时不要一听到或一看到就下结论，一定要留有"余地"，调动学生接受教育的内驱力，让学生充分认识到自己所犯错误的性质和危害，诱导他们依靠自身的积极因素去克服消极因素。

(6) 有效性原则。

教育的关键在"育"，在处理问题时，要注意所采取的方法，既不能简单粗暴，也不能主观武断，更不能烦琐而无实际意义。处理或教育重要的是看效果，采取灵活有效的方式，往往事半功倍。

(7) 一致性原则。

一致性原则是要求班主任在处理突发事件时，一定要顾及学校、家庭、社会环境等各方面的因素。各种因素的力量步调要一致，相互配合。对学生连续不断地进行一致性教育，才能达到良好效果。

(8) 可接受原则。

处理突发事件不可忽视的一条就是看当事双方对处理意见或结果能否心悦诚

服地接受，不能强加于人，处理流于形式。要让受教育的对象从内心深处接受，认识到错误，进而改正。

（9）因材施教原则。

受教育的对象在各个方面的情况和素质是不同的。在根据学生身心健康发展的规律进行科学的合理的教育的前提下使每个学生都得到全面的发展，是我国教育的基本要求。处理突发事件要照顾到学生的个性特点和差异，做到因材施教、因人而异。

2. 处理突发事件的注意事项

引发班级突发事件的原因很多，这些事件虽然偶然，但往往影响很大，处理不当常常会造成比较严重的后果，甚至会成为一种危机，给班主任今后开展工作带来重重阻力。因此，班主任在处理班级突发事件时，要注意以下几点。

（1）遇事清醒、情绪镇定。

班主任面对的事情无论大小都不应直接发火，要认真听取情况，再做处理，给学生一个解释的机会。如果一遇到突发事情就怒发冲冠，大发雷霆，失去理智，就不可能冷静思考并选择最佳的处理问题的措施，学生虽然受了处罚，可是问题还是没有解决。

案例

一次课后，有学生向班主任丁老师打报告："老师，小A打了另一个同学。"丁老师问小A，他理直气壮地说："因为他嘲笑我，所以我就要打他。"有错还那么理直气壮……丁老师压下心头的不满，把相关的学生都叫到身边，细细询问缘由，原来是小A平时不注意个人内务，老是乱扔垃圾，衣服上也经常弄得油点斑斑。一些男生嘲笑小A穿的衣服脏，还不讲卫生。因此，小A一下子火上来，打人了。听了小A的陈述，丁老师有些哭笑不得，现在的孩子是那么敏感，死要面子还承受不起一点委屈。丁老师花了整整一节班队会的时间，做他们的思想工作，同时让他们换位思考，最后，小A和这些同学都能认识到自己的错误，而且相互道歉了。班内的同学们不再笑话小A，小A也保证以后注意个人内务，尽量保持衣物干净整洁。

试想，案例中的丁老师如果直接将学生小A训斥一番，小A本来就死要面子，不但起不到教育作用，他反而会更反感。同学们也会继续瞧不起他。这就提醒我们班主任，在处理突发事件时，一不能"急躁"。须知，学生中的偶发事件，有时是十分复杂的。尤其是在高年级学生中，参与的人多，拖延的时间长，涉及面广。有的学生思想复杂，个性特殊，觉悟较低，这就需要班主任根据实际情况进行"冷处理"，或集中多方力量进行"综合处理"。急躁是无济于事的。二不能"简单"。作为班主任，帮助学生正确处理已经发生的突发事件是其职责，因此班主任务必克服粗暴、简单、敷衍了事的态度，要借助处理过程，寻找最佳教育机会。班主任要一边帮助学生妥善处理。一边引导他们从中吸取教训，让事件的处理过程成为对学生帮助教育的过程。三不能"停课"。在处理过程中，出现难度大、无进展情况时，班主任切不可随便地采取"停课检查"，要家长把学生带回家整治的办法。相反，班主任要尽量争取学校领导和学生家长的共同配合，耐心做好疏导、说服工作，从思想帮助学生提高认识。

（2）公平公正，一视同仁，掌握分寸。

班主任在处理一些需要家长参与的事件时，要公正、公平地叙述事件的前因后果，对待家长情绪过激的要以退为进，掌握语言的分寸，不卑不亢地进行适当的表达，既不当面冲突，也不默不作声。尤其是学生因突发事件而出现意外情况时，班主任除了要及时关心安慰学生，做好初步处理，还要及时与家长联系，保护学生身体和心理的健康。

班主任在运用突发事件处理艺术时，首先不能有"偏见"。须知，学生中相当数量的违纪偶发事件发生在后进学生身上。有的是无意识地开玩笑所致；有的是有意识地搬弄是非、扩大矛盾，产生纠纷。面对这些"老面孔"，班主任切不可对学生心存偏见，在处理突发事件时因学生不同而表现不同。其次，不能"庇护"。班主任在处理班级突发事件的过程中，要克服因为对某些同学的庇护。比如对"表现一贯较好"的好学生，成绩优良的尖子生，班、团干部及教师、亲朋好友的子女，必须实事求是，客观公正，努力做到事实面前人人平等。最后，不能"主观"，必须重视调查研究，克服主观片面性，切不可根据某些学生的只言片语和自己的主观想象处理问题，以致做出错误的处理意见。

(3) 用心上心，以爱为前提。

班主任运用教育机智处理学生冲突或突发事件，要表现对学生的尊重、热爱和责任感。班主任对问题或突发事件的处理应有利于学生的成长，而不是给学生带来伤害。要认识到每个学生都有这样或那样的优点和长处，蕴藏着等待开发的积极因素，班主任要加以引导和激发；抓住学生的闪光点，引发为炽烈热情，转化为积极的行动。

案例

一段时间以来，W老师班出现过几次学生丢失少量钱币或学习用具的事，学生们都怀疑是学生小红。W老师也曾经对小红进行观察和分析，虽有可疑之处，却又没真凭实据，只能作罢。后来，W老师发现班里丢东西的就是那两三个女孩子，别的同学不丢东西。又有一天，上完体育课，学生小阳发现自己的一个精美电子表丢了，同学们都七嘴八舌地嚷着"抓小偷"。看来，"小偷"不抓出来课是上不成了。于是W老师把小阳叫到教室门口，向她详细了解丢失的过程，再结合以往的情况，W老师确定学生小红有"重大嫌疑"。此时，W老师真想把小红叫出来，当面问清事实，给她一个教训。可是W老师又想，如果当众揭了小红的丑，那还叫她以后怎么做人呢？经过思考，W老师决定采取缓冲的办法，以因势利导、扬长避短的原则教育她。于是面对着激动万分的学生，W老师说："同学们，你们这样大叫大喊，不仅不能解决问题，而且违反了纪律。说不定是哪位同学为了掌握时间而把小阳的电子表暂时借去了，现在还来不及归还，我们得再给人家点时间。"这样，W老师既为自己正确处理事情留下了余地，也为这位同学留下了送还电子表、改正错误的台阶。W老师在说话的同时用目光扫视小红，她也很紧张，可能也知道W老师在怀疑她了。课后，W老师趁同学们不注意的时候，把小红叫到办公室，没想到她竟然主动承认了错误，不仅很快交出了电子表，还说明自己之所以这样做，是因为想报复那几个同学。事情终于水落石出，W老师答应为小红保密。从此以后，她再也没做小偷小摸的事情了。

这就提醒我们班主任，要爱护关心学生，帮助教育他们克服违纪的现象，杜绝偶发事件发生。同时，在运用突发事件处理方法时，第一，不能"冷淡"。尽管班级出现了突发事件是班主任感到"头疼"的事。有时，处理某一事件需耗费大量精力，但不论什么情况，对学生中的突发事件，班主任切不可持冷淡态度，更不可漠不关心，听之任之。这是一种失责行为，是师德规范所不容许的。第二，不能"侮辱"。有的班主任老师对学生中发生的重大偶发事件，很不冷静，甚至大发雷霆，出现侮辱学生的语言和行为，这是十分错误的。有的甚至面对学生家长出言不逊。低级庸俗的语言只能丧失教师的师德和理性，而无助于事件的处理和对学生的教育。第三，不能"打击"。学生中的违纪现象，有的给班级荣誉带来不利影响，甚至弄得教师很不光彩。这需要教师具备高尚的道德修养和耐心细致的作风，切不可把心理上受到的委屈和社会舆论的压力转嫁到学生身上，对学生进行讽刺、打击、挖苦。否则只能导致师生感情的破裂，造成学生心灵的创伤。第四，不能"处罚"。学生中偶发事件的发生，也是一种正常现象，教师的主要任务是对学生加强思想教育，帮助他们提高素质。各种"处罚"是不容许的。无论是肉体上的罚站、罚跪，还是学习上的罚写、罚背，或是经济上的罚缴、罚赔，都是不可取的。

专题七

非言语暗示艺术

在班级管理中有许多种方法，各种不同的方法会产生不同的效果。而非言语暗示在班级管事中以其独有的特点展示着非凡的效果。它对学生不产生心理压力，不强求学生接受，却可以产生积极的、主动的影响，进而起到潜移默化的作用。

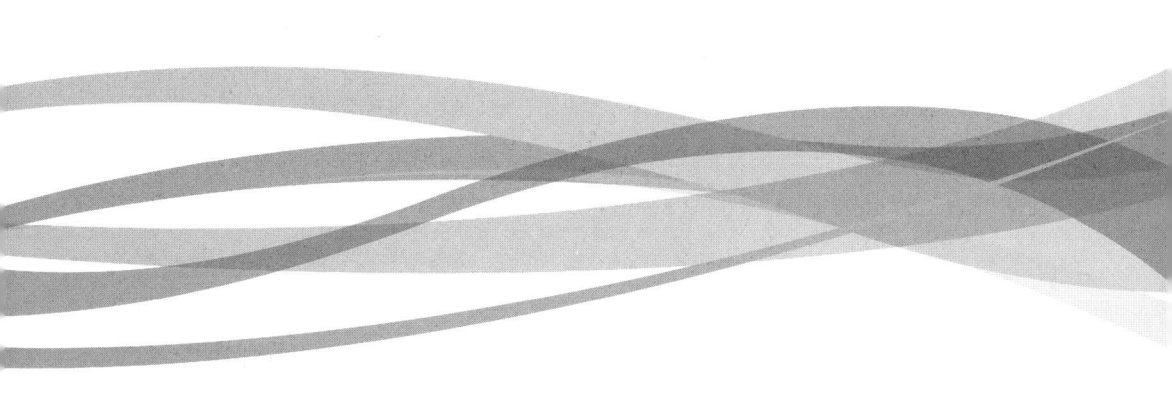

教育故事

带着微笑善待每一个学生

有人问名师申淑敏："你曾经让那么多后进生奇迹般地转化成优秀生，秘诀是什么？"申淑敏笑着回答："带着微笑善待每一个学生。"

的确，30多年的教学生涯，申老师是带着微笑一路走来的。"微笑是上帝赐予人们最美丽的心灵沟通方式，是人类最美丽的语言……微笑包含着真善美，蕴含着'胸藏万汇凭吞吐，笔有千钧任翕张'的魅力，因为在这种微笑里，被震颤的是心灵，开发的是天性……"在申老师看来，微笑体现了一种新型的师生关系：教师尊重、热爱、关心、信任学生；学生钦佩、尊敬、热爱教师。

申老师曾接手过一个被其他老师称为"刺儿头"的班级。一开始，面对一群棘手、挑剔的大孩子，申老师带着微笑静静地观察。第一天上课铃声响过，一个看上去很懒散的男生，一副悠闲无事的样子晃进了教室。他，就是在全校"大名鼎鼎"的小刘。申老师没有批评、没有训斥，而是用微笑示意他先上课。

下午放学后，小刘挠着后脑勺儿站在申老师的面前："申老师，同学们都在议论您和以前的班主任不一样，您是笑着走进教室的，甚至我迟到了您也还是对我笑。"申老师依然微笑着，真诚地说："你一定知道迟到不好，我想你迟到或许是有原因的。"听了申老师的话，小刘显得有些不好意思，略一沉吟，向申老师敞开了心扉，把自己过去、现在的情况向她亮了底。

通过这次谈话及对小刘和全班学生细致观察，申老师了解到这个班很多学生爱张扬、无纪律，以自我为中心，缺乏责任感，学习基础差，没有团队意识，然而，每一个人又都渴望老师能微笑着给予他们更多的关注和关怀。班会上，申老师笑着对大家说："同学们，我知道大家喜欢我的微笑。我微笑，是因为我很乐意做你们的班主任；我微笑，是因为我欣赏你们对知识的渴求和对未来的向往；我微笑，是因为我相信你们中的每一个人都会成为学校的骄傲；我微笑，是因为我相信大家会接纳我，我们会成为很好的朋友……"话音刚落，教室里响起了雷鸣般的掌声。

从此之后，申老师的微笑带来的爱改变着学生，一贯不把学校纪律放在眼里的小刘也一改过去的懒散作风，变得做事认真负责。在他的带领下，班级形成了一种人人积极向上的良好氛围。

一、认识非言语暗示艺术

班主任通过非言语手段对学生施以强制性影响的教育艺术，称为班主任的非语言暗示艺术。这种暗示是班主任思想意识修养、教育教学能力的自然流露和具体体现，反映了班主任的综合素质。

1. 非言语暗示艺术的原理

班主任对学生施教中的非言语暗示，是一种在师生间不存在对抗态度的前提下，通过含蓄的语言、示意的举动和诸多间接的方式，巧妙地向学生发出积极的、暗示的期望信息，从而使其产生积极的心理反应和行为方式的教育方法。暗示的关键是"示"，即对学生的发展目标与行为方向给予暗示期望，促使其领悟，达到自我教育的目的。这一教育艺术的原理来自心理学上的暗示效应。

（1）暗示效应的来历。

一位名叫肖曼·巴纳姆的著名杂技师在评价自己的表演时说，他之所以很受欢迎是因为节目中包含了每个人都喜欢的成分，所以他使得"每一分钟都有人上当受骗"。后来，心理学家谢里夫做了一个实验。他把同是英国大文豪狄更斯写的两段作品交给学生，请他们进行评价。但却告诉学生说，第一段是狄更斯所写，这第二段是一位普通作家的作品。形成的评价结果却大相径庭：对前者倍加赞美，而对后者则是百般挑剔。这个实验足以说明暗示的信息不同，产生的效应就不同。由于后者获得的实验结论与前者的说法异曲同工，于是这种心理效应就被称为巴纳姆效应。

在心理学上，巴纳姆效应产生的原因被认为是主观验证的作用。主观验证能对我们产生影响，主要是因为我们心中想要相信。如果想要相信一件事，我们总可以搜集到各种各样支持自己的证据。就算是毫不相干的事情，我们还是可以找到一个逻辑让它符合自己的设想。在我们的头脑中，"自我"占据了大部分的空间，所有关于"我"的东西都是很重要的。我们的车牌号码、手机铃声、电脑桌面、卧室的墙纸自己都会精心设计，为的就是体现自己独特的个性。

巴纳姆效应又称为暗示效应，是指在无对抗的条件下，用含蓄、抽象诱导的间接方法对人们的心理和行为产生影响，从而诱导人们按照一定的方式去行动或接受一定的意见，使其思想、行为与暗示者期望的目标相符合。

（2）影响暗示效应的因素。

一般说来，青少年比成年人更容易接受暗示，因此班主任在集体场合对好的行为进行表扬，就是对其他同学起到暗示作用。同样，班主任也可以使用手势、眼神、体态、环境等对学生进行暗示，这些就是非言语暗示。有经验的班主任经常针对学生的某一缺点和错误，选择适当的非言语形式暗示教育，可以产生较好的效果。那么，具体来说，影响暗示效应的因素包括哪些呢？

第一，暗示者的权威性。

权威越高暗示效应越大。教育史上最著名的罗森塔尔效应（也称皮格马利翁效应），说的是古希腊神话中的皮格马利翁对自己雕刻的一个少女塑像产生爱恋，期望能赋予其生命。后来，塑像果真变成了活人，皮格马利翁如愿以偿地与之结为伉俪。这其实就是暗示效应的运用。美国心理学家 R. 罗森塔尔利用这个神话喻义在一所小学里做了一个实验：从一至六年级中各抽出三个班的学生，进行了智力测验，然后又从中随机抽取 20% 的学生，并告诉校长和老师说这些学生有很大的"学业冲刺"潜力，但没有说这些学生是随机抽取的。八个月后，罗森塔尔又对全部学生进行了第二次智力测验，并与非实验学生和实验前后进行了对比分析，发现这 20% 随机抽取的学生的智商和能力有了显著的增长。众所周知，皮格马利翁的期望变成现实，不过是一个神话故事，而罗森塔尔的预言却变成了无可争辩的事实。为什么呢？就是因为罗森塔尔作为心理学家的权威性，使老师对来自他的"虚假信息"深信不疑，并对自己的学生的发展寄予了同样的期望。从而，对这些学生在态度和行为上，表现出亲切的关注、热切的激励、耐心的帮助。无形中教师教育权威的暗示期望又作用于学生，对他们产生一种激励效应：一方面使学生有了奋斗目标和方向，以及发奋努力的动力；另一方面也使学生更加亲近教师，更加喜欢教师的授课。罗森塔尔效应就是我们今天讨论的暗示效应。当然罗森塔尔的实验中的"虚假信息"，如果由普通什么人传递给校长和老师恐怕就不是这个结果了。因此，有人称这些随机抽出的20%的学生是"权威性谎言下的幸运儿"。

第二，暗示者的年龄和阅历。

青少年要比成年人更容易接受暗示，尤其是儿童。英国伦敦大学人类心理学与行为实验室做过这样一个有意思的小实验：在一个房间里，放着一筐苹果，教师甲指着这筐苹果对依次进入房间的孩子们说："这筐苹果不但不甜，而且非常苦，你不能吃！"每带一个孩子进来，他都说完这番话后自己出去了（他自己并没有动这些苹果），让孩子独自在房间玩了十分钟，然后带下一个孩子进来。事后经过检查，约有17.8%的孩子禁不住大苹果的诱惑，偷吃了苹果，并把果核装进衣袋里带出去扔掉。教师乙也做同样的实验，对每次进入房间的孩子说同样的话，只是他每次离开房间时都从筐里拿出一个苹果，大大咬上一口，津津有味地吃着离开了房间。事后调查，约有96.3%的被实验的孩子等老师走后，就去偷吃苹果，并把苹果核要么藏在筐里的苹果下边，要么扔在屋子角落里。为什么两位老师的实验结果，竟会有如此大的反差呢？就是因为教师乙说完要说的话后，"拿起一个苹果津津有味地吃着离开房间"的神情、行动给了孩子们一个能吃、好吃的暗示。

由此可见，班主任在教育学生时，倘若运用暗示效应，要注意运用积极的心理暗示，因为青少年的自尊心是非常强的，他们渴望得到别人的接纳和尊重。因此，作为班主任，应该清醒地意识到，学生的自尊心一旦受到伤害，所形成的心理上的逆反和对抗情绪是很难化解的。而积极暗示能够满足学生的积极的心理需求，适应了学生的这种心理特征，可以充分调动学生自我认识、自我调节、自我矫正、自我完善的积极性，满足他们的自尊、自重、自我教育与管理的心理需要。

案例

苏联教育家马卡连柯的一位学生曾是"惯偷"，教育多次都不见效果。一次，马卡连柯把去银行为工学团取钱的紧急任务交给了他。开始他大吃一惊，随后异常兴奋，立即跑得大汗淋漓，把钱取回来。此后他改掉了偷窃的习惯。马卡连柯正是采用了暗示的方法，满足了这个学生内心的需要，从而取得净化学生心灵的最佳教育效果，使他决心做一个正直的人。

2. 班主任的非言语暗示艺术的种类

随着教育事业的不断发展更新，通过长时间的观察发现，班主任的非言语暗示也深刻地影响着学生的思想变化。班主任的非言语暗示主要指班主任通过语言以外的手段对学生施以潜移默化的影响。

（1）班主任的威信暗示。

威信较高的班主任在处理班务工作和开展集体活动时，总能事半功倍，得心应手。其原因主要来自学生对班主任的崇敬与信赖，同时威信越高的班主任给学生的暗示也越强烈。因此，为了加强班级管理，提高班主任的工作效率并取得更好的教学成果，班主任就需要加强自身素质与师德的培养，以便在教学中更好地利用非言语暗示，从而带给学生更多积极的正面影响。

（2）班主任的外貌仪表。

班主任的仪表常常反映了其喜欢什么讨厌什么、爱什么憎什么、提倡什么反对什么，这些也都给了学生一定的暗示。而学生接受这种暗示不单单体现在他们对班主任仪表的模仿，更多的是在潜意识里受到强化，从而也影响着学生的发展。衣着整洁大方、庄重且大众化的班主任带出来的学生，往往都更注重将内在和外在之美相结合，在注重外表穿着的同时也注重自身人格的修养，对生活充满信心和激情，并且具有较强的心理承受能力。

（3）班主任的人格暗示。

不同性格的班主任给学生带去的暗示程度也不一样，具有高尚人格魅力的班主任给学生带去的暗示往往很强，反之则弱。例如有些班主任在班里与学生建立起和谐的师生关系，从不对学生进行体罚，这样学生会因为对他的尊敬而自己遵守纪律，认真学习。相反，有的班主任对学生缺乏耐心且粗暴，学生犯了错，只知道一味地进行体罚，这样虽然使学生在课堂上遵守了纪律，但私下里却乱成一团。这就是不同人格的班主任对学生的不同非言语暗示的作用。

（4）班主任与学生的体位距离暗示。

一般情况，坐在教室前面的学生，与班主任之间的体位距离比较近，学生所接受的暗示就较强；坐在后面的学生，由于与班主任的体位距离远，所接受的暗示也就相对较弱。所以，很多教学经验丰富的班主任总是把喜欢违反课堂纪律的学生调到前排位置，提高其接受暗示的强度，强化其纪律意识。除此之外，班主任在与不在，对学生暗示程度的强弱也有差别，班主任在教室时，对学生的暗示特别强，教室安静，一旦班主任离开教室，暗示程度立马削弱，甚至消失，班里开始出现各种声响。当班主任再次回到教室时，暗示又会油然而生，教室会迅速恢复之前的安静。

（5）班主任的行为举止暗示。

班主任的行为举止随时都作用于学生的感官，使学生相应的行为得到加强与巩固。学生通常是无条件、无选择性地接受这种暗示，因为这种暗示主要取决于班主任的习惯，所以为了成为学生的榜样，给学生传达真、善、美的品德，班主任应对自己的行为举止进行反思，尽可能地将正面的暗示传达给学生。在日常生活中，班主任应该多关心国家大事、了解更多方面的知识并将这些传授给学生，让学生接收到这种多元化的暗示，使其对学习产生更浓厚的兴趣，这样的暗示作用将会使学生终身受益。而那种喜欢体罚、变相体罚、粗暴的班主任，则会在学生的心里留下不可磨灭的阴影以及创伤。有些班主任有吸烟、嗜酒、赌博等不良嗜好，如果这些行为展现在了学生面前，那么这种暗示将会让自己在学生心中的形象大打折扣并与教学目标背道而驰。

案例

一次，班上英语测试，W老师事先上了节复习课，可他发现，学生普遍很自信，认为自己考好没问题，很少有人踏实复习。成绩出来后，整体情况很糟糕。

发完试卷后，W老师发现学生很多都在看着自己，照常理该是说教的好时候了。W老师当时只是平静地看着大家，目光慢慢地移过每一个学生的脸庞，最后轻轻说了句："好了，过去了，关键是以后。"自那以后，学生复习踏实了许多。

在这里，W老师就是用适时沉默这样的体态暗示代替长篇累牍的说教，对学生产生了极好的教育效果，可谓"此时无声胜有声"。

（6）班主任的处事态度暗示。

通常情况下，个性开朗、对生活充满希望与爱、对未来充满信心、积极乐观和谦虚的班主任带出来的学生也与自己有着同样的生活价值观，就是因为班主任在管理过程中很好地利用了发挥自己人格魅力的非言语暗示，并使学生成功地接受了这种暗示。相反，工作散漫、穿着邋遢、行为放纵的班主任带出来的学生大多也都胸无大志、缺乏进取心。这也是因为班主任在管理过程中给学生带去的暗示是反面的而且不强烈。所以，班主任应该树立正确的人生价值观，不断学习、不断提高自身素质，才能给学生带去正面的暗示。

二、非言语暗示艺术的方法与技巧

巧妙地采用非言语暗示的方法教育学生，可以令师生心理距离一下子缩短，进而促使学生在思想上消除对抗情绪，进行积极的自我认识、自我谴责；在行动上主动自觉地改过，实行自我完善，从而收到良好的教育效果。那么，在班级管理中，班主任如何运用非言语暗示艺术呢？

1. 用体态暗示

所谓体态语言，是相对有声语言而言的。作为非言语交流的方法，它主要包括面部表情、肢体动作、人际距离、讲话速度、音量等。班主任依据一定的情境，艺术地运用体态语言，有时可以达到有声语言无法代替的作用。这是因为班主任和学生之间的情感交流是一种开放性、创造性、艺术性、随机性很强的信息交流活动，在运用有声语言进行思想交流的同时，每时每刻都伴随着体态语言的交流。班主任讲话时的语调、语速、表情、姿态、气质、风度、服饰都会对学生产生某种暗示作用，学生会从班主任这一无声语言中"读"出该如何做、不该怎么做。因此，班主任可以在班级管理中恰当地运用体态语言，以收到"此时无声胜有声"的教育效果。

（1）眼神暗示。

在班级管理中师生情感交流占有很重要的地位，通过情感交流，学生得到感染、熏陶，正确的人生观、价值观、世界观得以形成，而情感交流中，眼神暗示的效果最好。正所谓，眼睛是心灵的窗户。眼睛可以传递丰富的信息。实践证明，亲切的眼神能开启学生的心扉，是调节学生情绪的催化剂。恰当运用眼神，往往能达到"此时无声胜有声"的教育效果。在学生遇到困难时，班主任投以理解、安慰的眼光，学生会得到一种潜在的鼓励，从而激发起他们战胜困难的信心；在学生成功时，班主任投以赞许、鼓励的眼光，学生会感受到成功的欢欣，进而萌发出乘胜前进的强劲动力；当学生犯下错误时，班主任严厉而略带心痛的眼神会让他们惭愧忏悔。巧妙运用"眼神"暗示，能营造"平等、民主"的师生情感氛围，心灵感应的"大包容"，师生对话的"零距离"。比如，有个别学生在班会课不专心听讲，思想开了小差，班主任不必点名批评，可以在讲话的同时向他投去专注而严厉的目光，学生自会从教师的目光中理解其含义，而停止思想开小差，这就是我们平时说的目光暗示，即通过教师目光的传递，示意学生立即纠正存在的问题。教师也可以走到学生的跟前轻轻地拍一下他的肩头，也可以取得良好的示意效果。

（2）行为暗示。

在恰当的环境下，给学生以行为暗示能够起到语言所不能表达的效果。班主任的行为可以传达各种管理信息，具有言志、传情、状物的特殊功能，是班主任情感的艺术表现。班主任的一言一行、一举一动都有鲜明的直观性。学生在接受教育时，可以从班主任的行为获得启示，得到榜样，从而耳濡目染，产生潜移默化、润物无声的理想效果。

案例

W老师在班会上反复强调过要随时保持班内的卫生，可是有一次，班内刚打扫完卫生，又有几位同学乱扔废塑料袋和纸屑。W老师发现后虽然很生气，但并没有板着脸孔让学生捡起来，而是自己走过去弯腰把垃圾捡起，装在了自己的口袋里。这无声的语言教育了全班同学，他们都立即动手把自己周围地上的垃圾捡起。这样反复几次，全班同学无形中养成了讲究卫生、爱护班级荣誉的良好习惯。W老师班的卫生成绩从此一直名列前茅。

案例中W老师用的就是行为暗示中的以身示范法。除此之外，班主任的行为暗示还包括无声提醒法，如某学生在自习课时不安心学习，班主任可以在其身后站一会儿，学生马上就会收敛。这就是一种无声的提醒。

（3）表情调控。

面部表情是人思想情感的外在展示，是人的内心世界的最灵敏、最复杂、最微妙的"晴雨表"。人们往往能通过脸上的形态与色彩的变化，把某些难以或不宜用语言表达的微妙、复杂、深刻的思想感情，准确、精密地表达出来。因此表情暗示也是重要的教育、教学手段，是师生之间沟通情感、交流思想、建立联系的过程。所以，蕴含着丰富信息的教师的面孔常常是学生最关注的目标。他们时时从教师的面部表情上获得有关信息，以确定自己做出怎样的反应。班主任要善于借助面部表情潜在的调控作用，把一些只可意会不可言传的、微妙的、复杂的、深刻的思想感情巧妙地表达出来。

案例

一天，肖老师在自己带的班级看晚自习，教室里很安静。临近中考了，同学们都在认真地看书、复习。突然，肖老师的手机发出了振动，拿出一看，原来是一位家长打来的电话。于是，他起身离开教室，去外面接听电话（学校的教室是平房）。这位家长很关心自己的孩子，不停地问这问那。聊完后，肖老师刚走到教室门口，却发现学生已经在教室里大吵大闹了，怒火一下就涌上肖老师的心头。她猛地推开门，怒气冲冲地站在教室门口，沉着脸看着全班同学，顿时，班级里的喧闹声戛然而止，所有的人都抬起头来，看了一下肖老师又低下了头，好似在等待着什么。肖老师就这样铁青着脸，一句话不说，站在门口，看着学生们。在学生们看来，这好像过了一年一样，但其实只是短短的两分钟。随后，肖老师走进班级，在足足沉默了好几分钟之后，肖老师终于开始说话了：

班主任的教育艺术

"刚才我只不过去接了我们班一位同学家长的电话，你们就这么吵，我非常生气，也非常难过，不是生你们的气，而是生我自己的气。我要好好反思一下这两年来对你们的教育，为什么竟然如此失败！"肖老师的话音低沉而缓慢，听到这话，同学们的头压得更低了，教室里静得连喘气声都能听到……

由案例可知，班主任的表情语言对犯了错误的学生起到了一定的震慑作用的同时，也促使他们反思。接着，班主任适时的沉默和情理并用的教育相结合，让此前的发怒的作用得到突出。因此，在班级管理和教育学生中，一旦学生出现了问题，班主任适时的表情暗示，同样可以起到教育学生的作用。

表情暗示的作用相当灵活，可以用在多个方面，比如，在演讲或学生发言中，学生出现了偏差，班主任可以用迷惑的表情加以暗示，学生会十分敏锐地接收到这一暗示并调整思维角度，走出误区；学生取得了哪怕一点成绩，倘若班主任微微一笑，那么学生就会感到莫大的荣幸。诚如马卡连柯说："做教师的决不能没有表情，不善于表情的人不能做教师。"这就要求教师在研究运用有声语言艺术的同时，充分运用自己的面部表情作用于学生的视觉器官，以形成知识信息、情感信息对学生的综合性"多觉辐射"。为此，教师的面部表情一要自然。要让自己的内心活动与外在表情相一致，使学生看到教师表里如一的坦诚自然的真实形象，从而赢得学生的充分信任。其次，班主任的表情暗示要适度。主要指脸色脸形的变化不可过分、过频，要恰如其分，做到嬉笑而不失态，哀痛而不失声。再有，班主任的表情暗示要温和。教师的面孔如同一面荧光屏幕，各种情绪、心态都可以从这里无保留地透露出来。

（4）身势、手语和头势暗示。

在下述案例中，我们可以看到 W 老师先后运用了头势（连连点头）、手势（手放在嘴上）和身势暗示（将身体挺直）。这说明了班主任的非言语暗示中这三者的重要作用。

案例

W 老师的班级正在进行主题班会活动，此时同学们正在表演小品。W 老师看着同学们精彩而投入的表演，不由得连连点头。演员们看到老师的反应，表演得更加投入了。突然，W老师发现学生小A躲在一边向演员们做着鬼脸，于是她不动声色地走到小A的对面，手放在嘴上，示意小A保持安静，同时将身体挺直，小A明白老师要求他保持安静，坐好，认真观看。于是他什么也没说，赶紧调整好自己的状态。就这样，整个主题班会进行得活泼而不混乱。

所谓头势暗示，是指班主任借助于头部的动作来表达特定的含义，以达到教育和指导的作用。如班主任用点头表示对学生的称赞或同意，用侧头并配以微笑的表情表示对学生的谈话感兴趣，用皱眉等表示疑惑的表情或表达怀疑的态度。所谓手势暗示，就是班主任借手掌、手指、拳头、手臂以及其他官能和部位的配合来对学生进行指导和教育，比如赞许用大拇指，鼓掌表示欢迎或鼓励，在适当场合轻拍学生肩部表示对学生的信任与关怀。所谓身势暗示，是指教师借助于身体的姿态暗示学生，提醒学生或教育学生。教师的不同姿势会向学生发出不同的信号。

我们重点要说的是倾听这一体态暗示。日本有句谚语："能干的领导，就是喜欢听别人讲话的强人。"一个优秀的班主任要善于运用倾听这一体态暗示。这是因为有的时候班主任耐心倾听学生讲话所传递的暗示信息，可以代替甚至胜过向学生说话所传递的信息，而且这种暗示信息更为强烈。尤其是班主任运用专注的目光、点头、取前倾姿势、微笑等神情体态等非语言因素向学生传达自己正在倾听的信息，这些发乎自然的神情体态不仅能够形成班主任整体的气质和风度，而且能够传递班主任对学生的尊重，能够促使师生心理相容。

当然了，在运用以上体态暗示时，要注意的是，手势暗示要注意文明，不要用手指直指学生的鼻子、讽刺性地鼓倒掌、宣怒地拍桌子等；慎用摇头这一头势语来评价学生，以免伤害学生的积极性或情感；倾听的神情体态要注意发乎自然且适度，是一种真情的流露，而不是在做戏。当然了，这种真情的流露与班主任的素质有直接的关系，需要班主任有宽广的胸怀和崇高的境界。

（5）距离暗示。

心理学和近体学研究表明，人际距离是人际关系亲疏程度的一个重要标志。人们之间的关系与人在空间位置上保持的距离有着一定联系。爱德华·蒂·霍尔教授在其研究中把人际距离分为四个区域：亲密区、个人区、社交区和公共区，随着人际关系的逐步疏远，一般可接受的人际距离按照 50 厘米以内、50~125 厘米、125~350 厘米、350~750 厘米递增。

班主任在班级管理和学生教育中，为了达到不同的目的，可以不断地变换与学生之间的空间位置。比如，为了造成正式、严肃的气氛，班主任可以让自己与学生之间的距离远一些，而且要选择对学生有压迫感的位置，以树立起教师的威信；为了对那些淘气的学生施加压力，班主任可以距离这些学生近一些，以引起其心理防御；而对于那些表现较好的学生，班主任有时可以出现在他们身边，辅之以拍肩膀的动作以示对他们的关心和器重。

（6）沉默暗示。

沉默有时也是一种力量，有时能使学生反省，从而明白班主任的意思。学生并不是不知道自己犯错误了，班主任如果总是批评，学生也会觉得厌倦，相反，班主任可以什么都不说，让学生自己想，使之慢慢体会班主任所要表达的含义。

案例

A 老师现在所带这个班有几名学生总是爱违反纪律，每次老师不在的时候，班长总是向 A 老师报告说："老师，其他同学都很好，就是乔××、曹××，他们老说话，而且我提醒他们，他们还不服。"

开始时，A 老师对他们除了说教，就是让他们写认识，但收效甚微。有一天，他们之中的一个又犯错了，A 老师将他叫进办公室，正好办公室没有其他老师，A 老师看着他，什么话也没说，A 老师不知道说啥，但是很奇怪那时 A 老师一点不生气。A 老师发现，他慢慢有了变化，从刚才的满不在乎到有点局促不安。又过了一会儿，他低下头，偶尔抬头瞟一下 A 老师，A 老师知道他在窥测自己的内心，但 A 老师还是很平静地看着他的脸，就好像在欣赏一幅画。他的头越发低了，也更加不安了。良久，A 老师的声音打破了沉默："你可以走了。"他抬起头惊讶地望着 A 老师。"你可以走了。" A 老师重复了一遍。他默默地走了。但这次他竟连着几天表现很好，A 老师不失时机地表扬了他。

2. 环境暗示

除了以上的体态暗示，环境暗示也是班主任非言语暗示艺术的一部分。环境暗示主要是指班主任利用具体的班级环境来实施对学生的暗示。环境对人的暗示作用是人所共知的。一个有随地吐痰、乱扔果皮纸屑坏习惯的人，来到一个整洁、幽雅的环境中，就会自觉地约束自己的坏毛病，这就是环境熏陶即暗示的结果。暗示心理学的先驱 H. 泊思海姆认为，凡是来自环境——地理、种族、社会、家庭的刺激，都是对于整个人的活动发生作用的酵素，因为他作用于人的心理。来自周围环境的信息通过人的眼、耳、鼻、舌、身等多种感官从多个方面，多渠道影响着人们，这种立体化的信息途径决定了环境暗示的立体性和情景性。这里边包括优美的物化环境的陶冶性和宽松和谐的心理环境的感化性，使学生在无对抗状态中，顺利地接受环境的暗示信息，达到教育目的。

班级环境是班主任实施教育或教学活动的一种背景、一种基调。班级环境暗示可以借助于对环境的刻意规划，达到激励学生的目的。心理学研究表明，学生情感的引发和兴趣的产生，往往与一定情景有关，而生动感人的情境就可以增强学生内心体验，引发学生的愉快情绪和探索兴趣，有助于启迪学生积极主动思考问题。实际上，班级的文化建设，即班级美化就是进行环境暗示的一种最佳方式。班主任可以在班级内粘贴具有激励作用的名人画像、名言警句，或粘贴教师寄语、学生誓言，并让学生亲自签名，给学生创设一个积极、向上、奋斗的环境，以达到良好的激励和提醒的效果。

案例

一位班主任的班上涌现了一批"追星族"，学生们本子上摘抄的是明星的生肖属相，课间谈论的是明星的性格爱好。为了改变这种状况，聪明的班主任买来祖冲之、毛泽东、周恩来、爱因斯坦等古今中外名人画像挂在教室里，书写名人名言贴在墙壁上，黑板报上也增添了名人惜时勤学的内容，还围绕名人开展讲故事、诗813诵等活动。"追星热"终于降了温，取而代之的是同学们以名人为榜样，比学习比进步的学风。

由此可见，环境暗示是指客观存在的环境为受教育者主体感知，从而产生一种相应的情绪、态度和行为，久而久之形成一定的心理品质和思想道德的方法。它是一种"无言之教"，需要班主任依据教育的任务。有意识地创设和利用以崇

班主任的教育艺术

高情感为核心的心理环境和形象典型的班级物化环境，并通过组织以师生交往为核心的班级活动，来营造一种民主、宽松、和谐、融洽的班级氛围，使全班学生置身于其中，耳濡目染、潜移默化地接受影响。因为，影响人的感情和情绪的莫过于氛围，环境只有和氛围结合才能活起来，才能真正使班级的每堵墙壁都会说话，都能发出积极的暗示信息。

在运用环境暗示这一非言语教育艺术时，班主任要注意的是，既要当好一名"导演"，又要友善耐心地让每个学生做好"演员"，在热而不闷、活而不乱的课堂气氛中"演"好每一台"戏"。

三、运用非言语暗示艺术的原则

非言语暗示艺术是班主任教育艺术的一个重要的部分。在班主任的工作中，非言语暗示是特殊的信息传递方式，更能体现暗示的示意性特点。班主任要特别重视非言语暗示不可言传只可意会的暗示功能。借助于一个手势、一种姿态、一个微笑等引起学生的情感体验和心理活动。根据教育教学的基本规律以及非言语暗示的特点和性质，班主任在班级管理和学生教育过程应正确运用非言语暗示，发挥非言语暗示的积极作用，必须遵循以下几项原则性要求。

1. 辅助性原则

班主任的非言语暗示虽然在教育教学中发挥着重要的作用，但是它不能完全取代言语行为而成为教育教学的主要手段。班主任要切记，非言语暗示在学生教育和管理中仅是一种重要的辅助手段，虽然它也能在特定情境下独立地向学生传递信息，但其作用的发挥更主要的是体现在与言语行为的配合上，千万不能以体态语言代替口头语言来进行班级管理和学生教育。下面案例中的老师，就极其巧妙地运用了非言语暗示的艺术教育学生，让学生及时改过。

案例

"这节课考试！"刚步入三年级教室的夏老师话音刚落，教室里便像开了锅，学生们便叽叽喳喳地吵了起来："我还没复习呢！""不是刚考过吗？怎么又考？""哈哈，我可复习了，考吧考吧！"……学生们你一言我一语地说个没完。夏老师做了一个停的手势,"今天我可要大练兵了,希望同学们认真做。但有一条……""禁止作弊!"同学们异口同声地说。夏老师严肃地点了点头,心里却偷偷地乐了,这群孩子真懂事,没等老师说就已经知道了。夏老师还想说点什么,看到一个个学生低着头,又把想说的话咽了回去。一时间纸笔交响曲响彻全班。

夏老师按惯例巡视着全班,看着自己这群懂事、听话的学生,心里无比畅快。考试还剩15分钟,夏老师抬头想提醒学生时间快到了,忽然一个飘忽不定、躲躲闪闪的眼神纳入了夏老师的视线,很快地,那眼神又慌慌张张地躲了起来。夏老师心头不仅一颤:小龙在作弊!一时间欢愉的心情烟消云散了,心中不仅生出一股无名火。夏老师不动声色地走过去,这时她发现小龙的目光不再是慌慌张张,而是变得恐怖起来。终于,夏老师走到了他的面前,那目光近乎哀求起来。于是夏老师稍稍调整了一下自己的情绪,慈祥地看了一会儿小龙的试题,点点头,拍了拍他的肩膀没说什么就走开了。教室还是那样安静,这件事发生得那么突然,结束得那样平静。

2. 准确性原则

准确性是非言语暗示的"生命"。如果非言语暗示失去了准确性,便没有了任何交流的作用。因此班主任在教育教学中必须遵循准确性原则来运用非言语暗示。这一原则有三方面要求:首先,表露情感应准确。对某个学生的进步满怀喜爱,脸上却冷若冰霜;对某个学生的错误进行批评,却喜笑颜开,这都属于对非言语暗示运用的严重失误。其次,象征性动作应准确。如翘起大拇指表示赞扬,点点头表示对学生肯定或应允,这些象征性体态语言的意义都是固定的,是约定俗成的,是大家都可以理解、明白其含义的。最后,运用非言语暗示说明事物时应准确。班主任在运用非言语暗示进行辅助说明时,一定要恰当、贴切。恰当、贴切的非言语暗示能使学生更容易地接受班主任所要传输的信息。反之,如果说明不确切,则会把学生的认识引向一个错误的方向。

3. 共意性原则

班主任运用非言语暗示应有利于学生对信息的理解与接收。如果班主任运用的非言语暗示学生不能理解,或者师生双方对同一非言语暗示有不同的理解,这都将有碍于沟通信息的传输。因此，这就要求班主任应当遵循师生共意性原则，班主任在教育教学过程中所运用的非言语暗示一定要是师生双方都能接受、领会、掌握并合理运用的，必须是符合本民族或本地区的文化传统和道德规范的。当然，班主任在教育教学上可以有自己的独特方式和风格，也可以有自己的"特殊规定"，但这些也首先须与学生达成默契，方才有效。

4. 和谐性原则

非言语暗示只有和谐、协调，才能给人以美的享受，才能发挥其最佳效果。为此，班主任在选用非言语暗示时，应当注意与特定的教育气氛、具体的教育情境、不同的教育对象相协调；否则，班主任的非言语暗示就可能大煞风景。如全班同学都在积极参与班级活动的时候，班主任就不可在讲台上来回走动；当学生进行热烈、愉快的讨论时，班主任不可突然拉下脸来严厉训斥某个做小动作的学生。此外，班主任在同时运用多种非言语暗示时，必须注意最佳组合，注意和谐一致，那种拖泥带水、画蛇添足之举往往只能让人感到费解或可笑。

5. 灵活性原则

班主任非言语暗示既有约定俗成的一面，又有灵活变化的一面。所以班主任在运用非言语暗示时还应遵循另一原则——灵活性原则。灵活性原则是班主任教育机智、教育灵感的体现。不同的教育内容，应选择不同的非言语暗示；不同性格、性别、智力水平的学生，应选择不同的非言语暗示；不同的教育时机，应选择不同的非言语暗示；不同的教育教学情境，应选择不同的非言语暗示。这些都是灵活性原则的具体要求，如果违背了这些要求，非言语暗示不但不能发挥积极的效应，反而会给教育教学带来负面影响。

后 记

在编写本书的过程中，编者借鉴和参考了国内外一些知名专家的著作和研究成果，引用了一些教师的案例和博客文章，在此向所有专家、教师致以衷心的感谢！受沟通渠道所限，我们未能与所有作者都取得联系，敬请相关作者与我们联系，我们的电子邮箱为：taolishuxi@126.com。

编 者